Fingerfood Die neue Bistro-Küche

Beatrice Aepli

Fingerfood

Die neue Bistro-Küche

MIDENA

Die Deutsche Bibliothek – CIP-Einheitsaufnahme

Aepli, Beatrice
Fingerfood – Die neue Bistro-Küche / Beatrice Aepli.
Küttigen/Aarau : Midena : Augsburg : Weltbild, 1998
ISBN 3-310-00312-4

Alleinvertrieb für Deutschland:
WELTBILD VERLAG GmbH
Steinerne Furt 68-72, 86167 Augsburg

Gestaltung Umschlag: Dora Eichenberger-Hirter, Birrwil
Gestaltung Inhalt: Ursula Mötteli, Grafikdesign, Aarau
Foodbilder: Evelyn und Hans-Peter König, Zürich
Lithos: Lang Polycom AG, Basel
Satz: Kneuss Satz AG, Lenzburg
Druck und Bindung: Neue Stalling, Oldenburg

ISBN 3-310-00312-4

Inhaltsverzeichnis

Pikante Spieße mit Dips und Saucen

Pasteten, Rillettes, Terrinen

Fruchtdesserts und süßes Gebäck

Verwendete Abkürzungen

EL = gestrichener Esslöffel
TL = gestrichener Teelöffel
ml = Milliliter
dl = Deziliter
Msp = Messerspitze

Wo nicht anders vermerkt, sind die Rezepte für 4 Personen berechnet

Amerika, das Land der unbegrenzten Möglichkeiten, war schon immer ein guter Boden für neue, unkonventionelle Ideen. Diese Vorreiterfunktion nehmen die Amerikaner auch in der Ernährung wahr. Es ist deshalb kein Zufall, wenn moderne Ess- und Ernährungsformen gar nicht erst in unsere Sprache übersetzt werden, sondern gleich das englische Wort oder der englische Begriff in unser Vokabular einfließen. Mit einigen wenigen Buchstaben ist alles gesagt: Fastfood, Slowfood, Healthfood ... und Fingerfood scheinen keiner Erklärung zu bedürfen.

Fingerfood, von der Hand in den Mund, ist nicht so revolutionär und taufrisch, wie wir dies vielleicht erwarten. Und doch sind seit Fastfood gewaltige Fortschritte zu verzeichnen. Mit Fingerfood wird der Rahmen von Burger und Pommes frites endgültig gesprengt; da spricht man wieder von feinen Suppen, Gemüse und Früchten mit raffinierten Dips, bunten Spießen und köstlichem Gebäck, die allesamt Löffel, Gabel und Messer vergessen lassen. Ungezwungenes, lustvolles Essen ist angesagt!

Fingerfood ist mehr als nur ein Partyerlebnis. Es kann ohne weiteres Alltagsküche sein, es eignet sich für die Verpflegung zu Hause und am Arbeitsplatz, für Familie und Gäste, für Große und Kleine als Snack und Zwischenverpflegung.

Beatrice Aepli

Fingerfood

Von Hand zu essen ist die natürlichste und lustvollste Form, seinen Hunger zu stillen. Denken wir an das Kleinkind, das am liebsten mit den Händen isst und lernen muss, mit dem Löffel und später mit der Gabel umzugehen. Fastfood ist vielleicht deshalb so erfolgreich, weil wir diesen Urtrieb ausleben dürfen?!

Für Fingerfood braucht es weder Löffel noch Gabel und Messer. Auch keine akrobatischen Übungen sind gefragt, damit die Hände und die Kleider sauber bleiben.

Fingerfood ist die Alternative zu gängigem Fastfood. Es ist die Verbindung hochwertiger Rohprodukte, knackiger Frische und natürlicher Aromen. Fingerfood soll verführerischer Gaumenkitzel und farbenfrohe Kleinkunst sein, ein kulinarisches Erlebnis im Alltag wie an Festen und Partys.

Abc

Bistroküche
War in Frankreich ursprünglich eine traditionelle, einfache, aber kalorienreiche Küche. Heute steht «Bistro» für rasche, unkomplizierte Verpflegung

Blini
Kleiner, nicht zu dünner Hefefladen, der im Butterschmalz gebraten wird. Häufig aus Buchweizenmehl, aber auch eine Mischung von Buchweizen-, Weizen- und Dinkelmehl ist möglich.

Buffet
Bei der Zusammenstellung von Buffets oder kleinen Platten sind der eigenen Phantasie keine Grenzen gesetzt.

Burger
Flache, runde Bratlinge. Können aus Fleisch-, Fisch-, Gemüse oder Getreide oder aus einer Mischung daraus zubereitet werden.

Carpaccio
Hauchdünne, rohe Scheiben von Rind, Kalb, Lamm, Fisch; auch ein Gemüse-Carpaccio ist möglich. Die Scheiben werden mit Salz und Pfeffer gewürzt und mit Zitronensaft oder Essig und Olivenöl beträufelt.

Chutney
Süßsäuerliche, dickflüssige Konfitüre/Marmelade aus klein geschnittenen Früchten und/oder klein geschnittenem Gemüse.

Dip
Englisches Verb für das Eintauchen von Häppchen in Saucen. Wird in der deutschen Sprache als Sachwort verwendet und steht für Sauce, von pikant, süßsauer bis süß. Der Dip darf weder zu dick- noch zu dünnflüssig sein, damit er gut haftet.

Fingerbowle
Zum Waschen der Finger/Hände, wenn auf Besteck verzichtet wird. Dem Wasser einige Spritzer Zitronensaft (fettlöslich) beigeben.

Fruchtspießchen
Nur Früchte wählen, die sich nicht braun verfärben. Nicht geeignet sind deshalb vor allem Birnen und Äpfel.

Gemüse, rohes
Darf bei Fingerfood keinesfalls fehlen. Passt zu Burgern, Fleisch- und Fischspießchen, pikantem Gebäck usw., in Kombination mit verschiedenen Saucen. Ideale Gemüse sind Blumenkohl, Fenchel, Gurken, Kohlrabi, Möhren/Karotten, Rettich, Rote Beten/Randen, Stauden-/Stangensellerie, Radieschen, Tomaten, Weißkohl/-kabis. Das Gemüse in Röschen zerlegen (Blumenkohl), in Stäbchen oder Scheiben schneiden; kleines Gemüse ganz lassen. Für den Rohverzehr unbedingt Bio-Qualität wählen.

Guacamole
Avocadopüree. Aus Mexiko, der Heimat der Avocadofrucht. Ist nicht nur ein idealer Dip, sondert schmeckt auch als Suppe und Brotaufstrich vorzüglich. Die Früchte müssen gut reif sein, nur so lassen sie sich zu einem Püree/zu einer Creme verarbeiten.

Nachos
In Viertel geschnittene, knusprig fritierte Tortillas. Passen zu Guacamole und vielen andern Dips.

Nuggets
Englisches Wort für Klumpen/Klümpchen. Heute allgemein verwendet für pikante eiförmige (ovale) Bratlinge; kleiner als herkömmliche Burger und nicht so flach.

Pastete
Fleisch, Fisch oder Gemüse in einer Hülle aus Mürbeteig, Brotteig oder Blätterteig.

Relish
Pikante, süßsaure Würzsauce auf Gemüse- oder Früchtebasis. Etwas säuerlicher als Chutney.

Rillette
Terrine aus in Fett eingemachten zerkleinerten Fleisch-, Fisch oder Gemüsestückchen. Etwas faserig, aber sehr streichfähig. Idealer Brotaufstrich.

Salat, Blatt-
Ideal zum Dippen sind roter und weißer Brüsseler Endivie/Chicorée, Radicchio di Verona/Cicorino rosso, Radicchio di Treviso/Travisano sowie Chinakohl, da die Blätter eine gewisse Dicke und Festigkeit haben. Als Einlage in Burger oder als Bortauflage eignen sich auch die grünen Blattsalate.

Servietten
Braucht es in jedem Fall bei Fingerfood.

Suppen
Alle Cremesuppen, je nach Jahreszeit kalt oder warm, können in der Tasse serviert werden. Einlagen sind weniger geeignet, außer klein gehackter Kräuter. Kalte Suppen dürfen auch mit einem Trinkhalm serviert werden.

Taco Shells
Amerikanische Tortillas-Imitation. Können auch durch Tortillas ersetzt werden, die fester Bestandteil der mexikanischen Küche sind. Mexikanische Tacos sind nichts anderes als gefüllte Tortillas. Wichtiges Detail: Die Tacos müssen weich, nicht knusprig sein. Sie können mit Fleisch, Fisch, Gemüse, Bohnen usw. gefüllt werden. In Mexiko werden sie wie ein Omelette/Pfannkuchen eingerollt.

Tartelettes
Süße und pikante Törtchen aus Mürbeteig.

Zahnstocher aus Holz oder Kunststoff
Ideal zum Entnehmen von in Öl oder in Essig Eingemachtem (Oliven, Cornichons, Tomaten, Käse usw.).

Suppen

Darf es eine Suppe sein?

Vielleicht ist sie in der Tasse

serviert etwas gewöh-

nungsbedürftig, aber ganz

bestimmt eine Überraschung

und ein Genuss dazu.

Frisch zubereitete Suppen

aus Saisonprodukten

haben keine Konkurrenz.

Petersiliensuppe

4 Portionen

- 500 g Petersilienwurzeln
- 1 Zwiebel
- 1 EL Olivenöl
- 1 l Gemüsebrühe
- 125 g Petersilie
- Meersalz
- Pfeffer aus der Mühle

1.
Die Petersilienwurzeln schälen und in kleine Würfel schneiden. Die Zwiebel schälen und fein hacken.

2.
Die Zwiebeln im Öl dünsten, die Petersilienwurzeln zufügen und mitdünsten. Mit der Gemüsebrühe aufgießen. Die Suppe rund 30 Minuten auf kleinem Feuer köcheln lassen.

3.
Die Petersilie mit den Stielen waschen und grob zerkleinern, zur Suppe geben.

4.
Die Suppe pürieren, mit Salz und Pfeffer würzen und nochmals kurz aufkochen.

Safransuppe

4 Portionen

- 800 ml/8 dl Wasser
- 2 TL Maisstärke
- 1 Zwiebel
- 1 EL Butterschmalz/Bratbutter
- 1 Briefchen Safranpulver
- 2 Gemüsebrühewürfel
- 200 g/2 dl süße Sahne/Rahm
- Meersalz
- Pfeffer aus der Mühle
- 1 Bund Schnittlauch

1.
Die Maisstärke mit wenig Wasser verrühren.

2.
Die Zwiebel schälen und fein hacken, im Butterschmalz dünsten. Wenig Wasser angießen. Den Safran beifügen und unter Rühren aufkochen. Das restliche Wasser, die angerührte Maisstärke und die Gemüsebrühewürfel beifügen, unter Rühren aufkochen und einige Minuten köcheln lassen. Die süße Sahne dazugeben. Die Suppe nochmals aufkochen, kurz köcheln lassen, mit Salz und Pfeffer würzen.

3.
Die Suppe in Tassen füllen, mit dem fein geschnittenen Schnittlauch garnieren.

Linsensuppe

4 Portionen

- 100 g braune Linsen
- 1 l Gemüsebrühe
- Meersalz
- Pfeffer aus der Mühle
- 3 EL Balsamessig

1.
Die Linsen mit der Brühe aufkochen und während 40 Minuten zugedeckt auf kleinem Feuer weich kochen.

2.
Die Suppe pürieren, mit Salz und Pfeffer würzen und mit dem Essig abschmecken.

Tipp
Nach Belieben gebratene Würstchen dazu servieren.

Abbildung Seite 19

Solothurner Wysuppe

4 bis 6 Portionen

- 600 ml/6 dl kräftige Gemüsebrühe
- 300 ml/3 dl trockener Weißwein
- 1 Becher (150–180 g) süße Sahne/Rahm
- 3 Eigelb von Freilandeiern
- Meersalz
- Pfeffer aus der Mühle
- 1 Bund Schnittlauch

1.
Die süße Sahne und das Ei verquirlen.

2.
Die Gemüsebrühe zusammen mit dem Weißwein aufkochen, das Sahnegemisch unter Rühren in die heiße Brühe einlaufen lassen. Die Suppe knapp vor den Siedepunkt bringen. Mit Salz und Pfeffer würzen.

3.
Die Wysuppe in Tassen füllen, mit dem fein geschnittenen Schnittlauch garnieren.

Kalte Avocadosuppe

6 Portionen

- 2 reife Avocados
- 1/2 Zitrone, Saft
- 750 ml/7,5 dl Gemüsebrühe
- 1 Knoblauchzehe
- Meersalz
- Pfeffer aus der Mühle
- einige Tropfen Tabascosauce
- 1 Zweig Kerbel für die Garnitur

1.
Die Avocados halbieren, den Stein entfernen. Das Fruchtfleisch mit einem Löffel herauslösen und sofort mit dem Zitronensaft und 200 ml/2 dl Gemüsebrühe pürieren.

2.
Die restliche Gemüsebrühe unter das Avocadopüree rühren. Den Knoblauch dazupressen. Die Suppe mit Salz, Pfeffer und Tabascosauce würzen. Kühl stellen.

3.
Die kalte Avocadosuppe in Tassen füllen. Den Kerbel hacken, die Suppe damit garnieren.

Kalte Melonensuppe

4 Portionen

- 2 kleine Melonen
- 300 ml/3 dl Gemüsebrühe
- 1/2 Zitrone, Saft
- 2 EL Portwein
- Meersalz
- Pfeffer aus der Mühle
- einige Tropfen Tabascosauce

1.
Die Melonen halbieren und die Kerne entfernen. Das Fruchtfleisch mit einem Löffel herauslösen.

2.
Fruchtfleisch, Gemüsebrühe, Zitronensaft und Portwein zusammen pürieren. Die Suppe mit Salz, Pfeffer und Tabascosauce würzen und kühl stellen.

Abbildung
unten: Linsensuppe,
Rezept Seite 17
oben: Kalte Avocadosuppe
rechts: Kalte Melonensuppe

Blumenkohl-Curry-Suppe

4 bis 6 Portionen

- 800 g Blumenkohl
- 1 Lauch
- 30 g Butter
- 2 TL Currypulver
- 800 ml/8 dl Hühnerbrühe
- 1 Becher (150–180 g) süße Sahne/Rahm
- Meersalz
- Pfeffer aus der Mühle

1.
Den Blumenkohl in Röschen teilen, den Strunk in Stücke schneiden. Den Lauch putzen und in Scheiben schneiden.

2.
Die Butter schmelzen, das Currypulver darin dünsten. Den Lauch beifügen und kurz mitdünsten. Mit der Hühnerbrühe aufgießen. Den Blumenkohl beifügen, das Ganze aufkochen und 30 Minuten zugedeckt auf kleinem Feuer köcheln lassen. Die Suppe pürieren.

3.
Die Suppe zusammen mit der süßen Sahne nochmals aufkochen, einige Minuten köcheln lassen. Mit Salz und Pfeffer abschmecken.

Kalte Tomatensuppe

6 Portionen

- 1 kg Tomaten
- $^1/_2$ Zwiebel
- 1 Knoblauchzehe
- 1 EL Butterschmalz/Bratbutter
- 200 ml/2 dl Gemüsebrühe
- 1 Prise Vollrohrzucker
- Meersalz
- Pfeffer aus der Mühle
- frischer Oregano für die Garnitur

1.
Die Tomaten würfeln. Die Zwiebel und den Knoblauch schälen und fein hacken.

2.
Die Zwiebeln und den Knoblauch im Butterschmalz andünsten. Die Tomaten beifügen und kurz mitdünsten. Mit der Gemüsebrühe angießen. Köcheln lassen, bis die Tomaten sehr weich sind.

3.
Die Tomatensuppe pürieren und durch ein Sieb streichen. Mit Zucker, Salz und Pfeffer würzen. Kühl stellen.

4.
Die gekühlte Tomatensuppe in Tassen füllen. Mit dem Oregano garnieren.

Pikantes Gebäck

Dieses Gebäck kann ohne weiteres im Mittelpunkt stehen und zur Hauptmahlzeit werden. Ob man sich nun für ein oder gleich mehrere Rezepte entscheidet, vielerlei Gemüse und Dips passen in jedem Fall dazu.

Teig-Grundrezepte

Hefeteig

- 10 g Hefe
- 150 ml/1,5 dl lauwarmes Wasser
- 250 g Vollkornmehl
- 1/2 TL Meersalz
- 1 EL Öl

1.
Die Hefe mit zwei Esslöffeln Wasser flüssig rühren.

2.
Das Mehl und das Salz in einer Schüssel mischen. Das restliche Wasser, die flüssige Hefe und das Öl dazugießen, während 5 bis 10 Minuten zu einem geschmeidigen Teig kneten. Ist der Teig zu trocken, knetet man ein wenig Wasser ein, ist der Teig zu feucht, braucht es ein wenig Mehl.

3.
Den Hefeteig zugedeckt an einem warmen Ort auf das doppelte Volumen aufgehen lassen.

Mürbeteig

- 350 g Dinkel-Weißmehl
- 3/4–1 TL Meersalz
- 150 g kalte Butter, in Stückchen
- ca. 125 ml/1,25 dl Wasser

1.
Das Mehl mit dem Salz in einer Schüssel mischen. Die Butter beifügen, zwischen den Fingern mit dem Mehl krümelig reiben. Das Wasser beigeben, den Teig schnell kneten, jedoch nur so lange, bis er zusammenhält.

2.
Den Teig in Klarsichtfolie wickeln und etwa 1 Stunde kühl stellen.

Quarkblätterteig

- 125 g Vollkornmehl
- 1 Prise Meersalz
- 125 g kalte Butter, in Stückchen
- 125 g Sahne-/Rahmquark

1.
Das Mehl mit dem Salz in einer Schüssel mischen. Die Butter und den Quark beifügen, gut vermengen und nur so lange kneten, bis der Teig zusammenhält. Mindestens 1 Stunde kühl stellen.

2.
Damit der Teig blättrig wird, gibt man ihm nun etwa 4 Touren: Den Teig etwa 1 cm dick zu einem Rechteck ausrollen, exakt in drei Teile falten. 30 Minuten ruhen lassen oder noch besser kurze Zeit in den Tiefkühler legen. Diesen Vorgang dreimal wiederholen.

3.
Den Teig in Klarsichtfolie wickeln und mindestens 2 Stunden kühl stellen.

Käseringe

ergibt ca. 50 Stück

Brandteig
- 200 ml/2 dl Wasser
- 75 g Butter
- 1 Prise Meersalz
- 150 g Vollkornmehl
- 3 Freilandeier
- 150 g geriebener Greyerzer Käse
- Meersalz
- Pfeffer aus der Mühle
- 1 EL grobes Salz
- 1 EL Kümmelsamen

Füllung
- 1 Bund Petersilie
- 60 g geriebener Greyerzer Käse
- 250 g Frischkäse mit Kräutern
- 100 g/1 dl süße Sahne/Rahm
- Meersalz
- Pfeffer aus der Mühle

1.
Das Wasser mit der Butter und dem Salz aufkochen. Das Mehl auf einmal zur kochenden Flüssigkeit geben. Mit einem Holzlöffel gut rühren, bis sich ein Teigkloß gebildet hat. Den Kochtopf vom Feuer ziehen und ein Ei nach dem andern unter kräftigem Schlagen dazugeben. Zu einem glatten Teig verarbeiten. Den Käse beifügen und so lange rühren, bis er vollständig mit der Masse vermengt ist. Den Teig mit Salz und Pfeffer würzen.

2.
Den Backofen auf 200 Grad vorheizen.

3.
Die Teigmasse in einen Spritzbeutel mit Sterntülle füllen. Auf ein eingefettetes Backblech Ringe von ca. 4 cm Durchmesser spritzen. Die Teigringe mit Salz und Kümmel bestreuen.

4.
Die Käseringe im vorgeheizten Ofen bei 200 Grad auf mittlerem Einschub ca. 15 Minuten backen. Auskühlen lassen. Die Ringe aufschneiden.

5.
Für die Füllung die Petersilie fein hacken und mit dem Käse zum Frischkäse geben. Die Sahne steif schlagen und sorgfältig unterheben. Die Creme mit Salz und Pfeffer würzen und in einen Spritzbeutel füllen. Die Käseringe damit füllen.

Speckgugelhupf

für eine Gugelhupfform
von 1,5 l Inhalt

- 40 g Hefe
- 1 EL Vollrohrzucker
- 300 ml/3 dl warme Milch
- 150 g Butter
- 500 g Dinkelweißmehl
- 1 TL Meersalz
- 1 Freilandei
- 200 g Speck am Stück
- 30 g Walnuss-/Baumnusskerne

1.
Die Hefe mit dem Zucker flüssig rühren.

2.
Die Milch mit der Butter erwärmen, bis die Butter geschmolzen ist.

3.
Das Mehl und das Salz in einer Schüssel mischen. Flüssige Hefe, Buttermilch und Ei beigeben, während mindestens 10 Minuten zu einem geschmeidigen Teig kneten. Den Teig zugedeckt an einem warmen Ort auf das doppelte Volumen aufgehen lassen.

4.
Den Backofen auf 200 Grad vorheizen.

5.
Den Speck in Würfelchen schneiden, ohne Fettzugabe hellbraun braten. Auskühlen lassen.

6.
Die Walnüsse grob hacken und mit dem Speck in den Teig kneten.

7.
Den Teig in die eingefettete Form füllen, bis zum Formenrand gehen lassen. Den Speckgugelhupf im vorgeheizten Ofen bei 200 Grad auf unterstem Einschub ca. 50 Minuten backen.

Kleine Frühlingsrollen

ergibt ca. 20 Stück

Quarkblätterteig
- 175 g Vollkornmehl
- 2 Prisen Meersalz
- 175 g kalte Butter, in Stückchen
- 175 g Sahne-/Rahmquark

- oder ca. 500 g fertiger Blätterteig

Füllung
- 6 Chinakohlblätter
- 2 Möhren/Karotten
- 1 kleiner Lauch
- 1 Hand voll Sojasprossen
- 1 Stück frische Ingwerwurzel
- 4 EL Sojasauce
- 30 g flüssige Butter
- 4 EL Mohnsamen

1.
Den Quarkblätterteig herstellen wie im Grundrezept, Seite 22, beschrieben.

2.
Die dicken Mittelrippen beim Chinakohl wegschneiden. Die Möhren schälen. Den Lauch putzen. Chinakohl, Möhren, Lauch und Sojasprossen von Hand oder besser im Cutter sehr fein hacken.

3.
Die Ingwerwurzel schälen und fein reiben. Mit der Sojasauce zum Gemüse geben.

4.
Den Backofen auf 200 Grad vorheizen.

5.
Den Teig zu einem dünnen Quadrat ausrollen. Etwa 20 Quadrate von 12 cm Seitenlänge schneiden. Auf jedes Teigplätzchen etwas Gemüse geben. Jeweils zwei Teigecken diagonal über der Füllung einschlagen, die Ecken sollen sich 1 cm überlappen. Von der Gegenseite einrollen.

6.
Die Röllchen mit flüssiger Butter bepinseln, mit Mohn bestreuen und auf ein mit Backpapier belegtes Blech legen.

7.
Die Frühlingsröllchen im vorgeheizten Ofen bei 200 Grad auf mittlerem Einschub ca. 12 Minuten backen. Heiß servieren.

Zucchini-Tartelettes

ergibt ca. 18 Stück

Mürbeteig
- 200 g Dinkelweißmehl
- 1/2 TL Meersalz
- 75 g kalte Butter, in Stückchen
- 5–6 EL Wasser

- oder 1 fertiger Kuchenteig, bereits rund ausgerollt

Belag
- 2–3 sehr kleine Zucchini
- 2 Knoblauchzehen
- 100 ml/1 dl Olivenöl extra nativ
- Meersalz
- Pfeffer aus der Mühle
- 2 Eigelb zum Bestreichen

1.
Den Mürbeteig zubereiten wie im Grundrezept, Seite 22, beschrieben.

2.
Die Zucchini in sehr dünne Scheiben schneiden. Den Knoblauch schälen, pressen und mit dem Öl verrühren, mit Salz und Pfeffer würzen, über die Zucchini träufeln. 2 bis 3 Stunden marinieren.

3.
Den Backofen auf 200 Grad vorheizen.

4.
Den Teig 3 mm dick ausrollen und Rondellen von ca. 7 cm Durchmesser ausstechen. Diese auf ein eingefettetes Blech legen und mit dem verquirlten Eigelb bepinseln. Die Zucchinischeibchen im Kreis und ziegelartig auf die Rondellen legen.

5.
Die Zucchini-Tartelettes im vorgeheizten Ofen bei 200 Grad auf mittlerem Einschub ca. 15 Minuten backen. Noch warm oder ausgekühlt servieren.

Abbildung Seite 29

Lachsgipfel

ergibt 12 Stück

Mürbeteig
- 350 g Dinkelweißmehl
- 3/4–1 TL Meersalz
- 150 g kalte Butter, in Stückchen
- ca. 125 ml/1,25 dl Wasser

- oder 2 fertige Kuchenteige, bereits rund ausgerollt

Füllung
- 100 g geräucherter Lachs (Lachsabschnitte)
- 3 Zweige Dill
- 100 g Crème fraîche/Sauerrahm
- 2 EL milder Senf
- Pfeffer aus der Mühle

- 1 Eiweiß zum Bestreichen
- 1 EL Sesamsamen

1.
Den Mürbeteig zubereiten wie im Grundrezept, Seite 22, beschrieben.

2.
Den Lachs fein hacken, den Dill fein schneiden. Lachs, Dill, Crème fraîche und Senf gut verrühren, mit Pfeffer kräftig würzen.

3.
Den Backofen auf 220 Grad vorheizen.

4.
Den Teig halbieren und zwei Rondellen von ca. 30 cm Durchmesser ausrollen. Die beiden Rondellen wie einen Kuchen in je 6 Stücke schneiden. Darauf die Lachsmasse ausstreichen. Die Teigstücke von der breiten Seite zur Spitze hin aufrollen, Gipfel formen. Die Gipfel auf ein mit Backpapier belegtes Blech legen. In der Mitte mit Eiweiß bepinseln und mit Sesamsamen bestreuen.

5.
Die Lachsgipfel im vorgeheizten Ofen bei 220 Grad auf mittlerem Einschub ca. 20 Minuten backen. Warm oder kalt servieren.

Abbildung
links: Zucchini-Tartelettes, Rezept Seite 27
rechts: Lachsgipfel

Gemüsefladen

4 Portionen

Hefeteig
- 15 g Hefe
- ca. 200 ml/2 dl lauwarme Milch
- 350 g Vollkornmehl
- 1 TL Meersalz
- 2 EL flüssige Butter

- oder ca. 500 g fertiger Pizzateig

Belag
- 1 Lauch
- 4 Möhren/Karotten
- 1/2 Wirsing/Wirz
- 2 EL Butter
- 100 g Speck
- 250 g Sahne-/Rahmquark
- 2 Freilandeier
- 200 g geriebener Greyerzer Käse
- Meersalz
- Pfeffer aus der Mühle

1.
Den Hefeteig zubereiten und gehen lassen wie im Grundrezept, Seite 22, beschrieben.

2.
Den Lauch putzen und in Scheiben schneiden. Die Möhren schälen und in feine Scheiben schneiden. Den Wirsing in feine Streifen schneiden.

3.
Den Lauch und die Möhren in der Butter einige Minuten zugedeckt knapp weich dünsten, herausnehmen.

4.
Den Speck in Würfelchen schneiden und in der Gemüsepfanne braten. Den Wirsing beigeben, zugedeckt 5 Minuten dünsten, zum Gemüse geben.

5.
Den Quark mit den Eiern verrühren, den Käse untermischen. Die Masse mit Salz und Pfeffer abschmecken, mit dem Gemüse und dem Speck vermengen.

6.
Den Backofen auf 220 Grad vorheizen.

7.
Den Teig nochmals kurz kneten und zu einem Rechteck ausrollen. Die Gemüsemasse auf dem Teig verteilen.

8.
Den Gemüsefladen im vorgeheizten Ofen bei 220 Grad auf unterstem Einschub ca. 15 Minuten backen.

Pestoroulade

ergibt ca. 20 Scheiben

Hefeteig
- 10 g Hefe
- ca. 125 ml/1,25 dl lauwarmes Wasser
- 200 g Vollkornmehl
- 1/2 TL Meersalz
- 1 EL Olivenäl extra nativ

- oder ca. 300 g fertiger Pizzateig

Füllung
- 3 Bund Petersilie
- 3 EL Sonnenblumenkerne
- 2 Knoblauchzehen
- 4 EL geriebener Parmesan
- 5 EL Olivenöl extra nativ
- Meersalz
- Pfeffer aus der Mühle

1.
Den Hefeteig zubereiten und gehen lassen wie im Grundrezept, Seite 22, beschrieben.

2.
Petersilie, Sonnenblumenkerne und geschälte Knoblauchzehen im Cutter fein hacken. Den Käse untermischen. Das Öl dazugeben. Das Ganze zu einer Paste rühren. Mit Salz und Pfeffer kräftig würzen.

3.
Den Backofen auf 220 Grad vorheizen.

4.
Den Teig zu einem Quadrat ausrollen. Die Paste auf dem Teig ausstreichen, dann zu einer Roulade einrollen.

5.
Die Pestorolle im vorgeheizten Ofen bei 220 Grad auf mittlerem Einschub ca. 20 Minuten backen. Noch heiß in Scheiben schneiden und sogleich servieren.

Abbildung Seite 32

Morchelküchlein

ergibt ca. 16 Küchlein

Quarkblätterteig
- 75 g Dinkelruchmehl
- 1 Prise Meersalz
- 75 g kalte Butter, in Stückchen
- 75 g Sahne-/Rahmquark

- oder 250 g fertiger Blätterteig

Belag (Sauce)
- 20 g getrocknete Morcheln
- 100 ml/1 dl warmes Wasser
- 1 EL Butter
- 100 ml/1 dl Gemüsebrühe
- 100 ml/1 dl trockener Weißwein
- 4 EL Sherry
- 150 g/1,5 dl süße Sahne/Rahm
- Meersalz
- Pfeffer aus der Mühle

- wenig flüssige Butter
- 1 Eigelb zum Bestreichen

1.
Den Quarkblätterteig herstellen wie im Grundrezept, Seite 22, beschrieben.

2.
Die Morcheln etwa 15 Minuten im warmen Wasser einweichen. Die Pilze in ein feines Sieb abgießen und das Einweichwasser auffangen. Die Morcheln aufschneiden und unter fließendem Wasser waschen. Gut abtropfen lassen.

3.
Für die Sauce die Morcheln in der Butter 5 Minuten dünsten. Aus dem Topf nehmen und beiseite stellen. Im gleichen Topf Pilzeinweichwasser, Gemüsebrühe und Weißwein bei starkem Feuer auf 100 ml/1 dl einkochen lassen. Den Sherry und die süße Sahne beifügen. Bei starkem Feuer auf 50 ml/0,5 dl einkochen lassen. Die Sauce mit Salz und Pfeffer abschmecken. Die Morcheln zur Sauce geben, auskühlen lassen.

4.
Den Backofen auf 220 Grad vorheizen.

5.
Kleine Portionenförmchen (wie für Petits-Fours) oder kleine Förmchenbleche mit 12 Vertiefungen mit flüssiger Butter auspinseln. Die Förmchen für kurze Zeit in den Tiefkühler stellen.

6.
Den Teig dünn ausrollen und je 16 Rondellen von ca. 6 und 3 cm, je nach Größe der Förmchen, ausstechen. Die Förmchen mit den größeren Rondellen auslegen. Die Füllung darin verteilen. Je eine kleinere Rondelle als Deckel darauf legen, gut auf den Rand der großen Teigrondelle drücken. Den Deckel mit Eigelb bestreichen.

7.
Die Morchelküchlein im vorgeheizten Ofen bei 220 Grad auf mittlerem Einschub ca. 15 Minuten backen.

Abbildung
unten: Morchelküchlein
links: Pestoroulade,
Rezept Seite 31

Fisch-Couscous-Strudel

8 Portionen

Quarkblätterteig
- 175 g Vollkornmehl
- 2 Prisen Meersalz
- 175 g kalte Butter, in Stückchen
- 175 g Sahne-/Rahmquark

- oder 500 g fertiger Blätterteig

Füllung
- 1 Zwiebel
- 300 ml/3 dl Gemüsebrühe
- 1 TL Currypulver
- 2 EL Zitronensaft
- weißer Pfeffer aus der Mühle
- 140 g Couscous
- einige Blätter Maggikraut
- 20 g getrocknete Herbsttrompeten
- 1 roter Gemüsepaprika/Peperoni
- 350 g Fischfilets, z. B. Dorsch
- 150 g grüne Erbsen

Sauce
- 30 g Butter
- 2 EL Mehl
- 200 ml/2 dl Gemüsebrühe
- 1 Becher (180–200 g) süße Sahne/ Halbrahm
- Meersalz
- Pfeffer aus der Mühle
- geriebene Muskatnuss

- flüssige Butter zum Bepinseln

1.
Den Quarkblätterteig zubereiten wie im Grundrezept, Seite 22, beschrieben.

2.
Die Zwiebel schälen und fein hacken. Gemüsebrühe, Zwiebeln, Curry, Zitronensaft und Pfeffer aufkochen.

3.
Das Couscous und das Maggikraut in eine Schüssel geben, die Brühe dazugießen. 30 Minuten zugedeckt quellen lassen.

4.
Die Pilze in kaltem Wasser 30 Minuten einweichen. Den Gemüsepaprika halbieren, den Stielansatz und die Kerne entfernen, in sehr kleine Quadrate schneiden. Den Fisch in Würfel schneiden.

5.
Die Butter schmelzen, das Mehl beigeben und dünsten. Mit der Gemüsebrühe angießen. Unter Rühren aufkochen. Die Sahne beifügen und erneut aufkochen. Die Sauce mit Salz, Pfeffer und Muskatnuss würzen.

6.
Den Backofen auf 220 Grad vorheizen.

7.
Pilze, Gemüsepaprika, Fisch, Erbsen und weiße Sauce zum Couscous geben, alles gut vermengen.

8.
Den Teig zu einem Rechteck ausrollen, die Füllung darauf verteilen, zu einem Strudel einrollen.

9.
Den Fisch-Couscous-Strudel im vorgeheizten Ofen bei 220 Grad auf unterstem Einschub ca. 30 Minuten backen. Von Zeit zu Zeit mit flüssiger Butter bepinseln.

Hackfleischroulade

4 bis 6 Portionen

Hefeteig
- 20 g Hefe
- ca. 225 ml/2,25 dl lauwarmes Wasser
- 375 g Vollkornmehl
- 1 TL Meersalz
- 1–2 EL Sonnenblumenöl

- oder ca. 600 g fertiger Pizzateig

Füllung
- 1 Zwiebel
- 1 Bund Petersilie
- 2 Knoblauchzehen
- 400 g gehacktes Fleisch (Schwein, Rind, Kalb oder gemischt)
- 1 Becher (180–200 g) saure Sahne/saurer Halbrahm
- Meersalz
- Pfeffer aus der Mühle
- Paprikapulver

1.
Den Hefeteig zubereiten und gehen lassen wie im Grundrezept, Seite 22, beschrieben.

2.
Den Backofen auf 220 Grad vorheizen.

3.
Die geschälte Zwiebel und die Petersilie fein hacken, den geschälten Knoblauch durch die Presse drücken. Sämtliche Zutaten für die Füllung in einer Schüssel gut vermengen.

4.
Den Hefeteig nochmals kurz kneten und zu einem Rechteck ausrollen. Die Fleischmasse auf dem Teig verteilen. Den Teig von der Längsseite einrollen.

5.
Die Hackfleischroulade im vorgeheizten Ofen bei 220 Grad auf unterstem Einschub ca. 30 Minuten backen.

Wurst im Briocheteig

4 Portionen

Briocheteig
- 20 g Hefe
- 1 EL Vollrohrzucker
- 300 g Dinkelweißmehl
- ½ TL Meersalz
- 2 Freilandeier
- 50 ml/0,5 dl lauwarme Milch
- 100 g flüssige Butter

- 1 Zungenwurst oder ein dünner Lyoner, ca. 400 g

- 1 Eigelb zum Bestreichen

1.
Die Hefe mit dem Zucker flüssig rühren.

2.
Das Mehl mit dem Salz in einer Schüssel mischen. Die Eier verquirlen und mit der Milch, der flüssigen Butter und der aufgelösten Hefe zum Mehl geben. Alles mischen und den Teig so lange schlagen, bis er Blasen wirft und seidig glänzt. Den Teig zugedeckt an einem warmen Ort auf das doppelte Volumen aufgehen lassen.

3.
Den Briocheteig zu einem Rechteck ausrollen. Die Wurst darin einwickeln, nach Belieben mit einem Teigstreifen verzieren. Die Teigenden locker mit Küchenschnur zusammenbinden. Die Roulade mit Eigelb bestreichen. Nochmals 30 Minuten gehen lassen.

4.
Den Backofen auf 200 Grad vorheizen.

5.
Die Brioche-Wurst im vorgeheizten Ofen bei 200 Grad auf unterstem Einschub ca. 30 Minuten backen. Heiß oder ausgekühlt servieren.

Tacos
Häppchen
Blinis

Eine kleine kulinarische Reise durch die Küchen der Welt. Die farbenfrohen Häppchen sind ein Genuss für das Auge ... und den Gaumen. Je frischer, desto besser, lautet die Devise bei diesen kleinen Kunstwerken. Nicht nur für den Aperitif!

Lachs-Crackers

ergibt ca. 25 Stück

- 100 g Rauchlachs
- 2 hart gekochte Freilandeier
- 1 Stück frische Meerrettichwurzel
- 2 Bund Schnittlauch oder Dill
- 100 g Crème fraîche/Sauerrahm
- 2 EL Mayonnaise
- 2 EL Kaffeesahne/-rahm
- 2 EL Zitronensaft
- Pfeffer aus der Mühle
- Meersalz

- ca. 150 g Crackers
- wenig Kresse für die Garnitur

1.
Den Lachs klein schneiden. Die Eier schälen und fein hacken. Den Meerrettich schälen und fein reiben. Den Schnittlauch oder den Dill fein schneiden. Alle Zutaten in eine Schüssel geben.

2.
Crème fraîche, Mayonnaise, Kaffeesahne und Zitronensaft zu einer Creme verrühren, zur Lachsmischung geben. Alles vermengen und mit Pfeffer und nach Belieben mit Salz abschmecken.

3.
Die Lachsmasse auf Crackers verteilen, mit Kresse garnieren.

Carpaccio-Häppchen

ergibt ca. 18 Stück

- 100 g Kalbsfilet

- Meersalz
- Pfeffer aus der Mühle
- 1/2 Zitrone, Saft
- 2 Kohlrabi
- 4 Kartoffeln, ca. 350 g
- 125 g Frischkäse

1.
Das Fleisch in kleine, dünne Scheibchen schneiden, evtentuell flachklopfen. Mit Salz und Pfeffer würzen und mit Zitronensaft beträufeln.

2.
Die Kohlrabi schälen, in etwa 6 mm dünne Scheiben schneiden. Mit einem Förmchen Motive ausstechen. Die Kohlrabischeiben im Dampf 3 bis 4 Minuten knapp weich kochen.

3.
Die Kartoffeln schälen, würfeln und im Dampf weich kochen. Die Kartoffeln durch das Passetout/Passevite treiben. Das Püree mit dem Frischkäse verrühren, mit Salz und Pfeffer würzen.

4.
Die Kartoffelmasse in einen Spritzsack füllen, auf die Kohlrabischeiben dressieren. Die Fleischscheiben einrollen und darauf setzen.

Vitello-Tonnato-Sandwiches

4 Portionen

- 1 Dose Thon, ca. 200 g abgetropft
- 125 g Frischkäse
- 4 Sardellenfilets
- 2 EL trockener Weißwein
- 1 TL Senf
- 2 EL Kapern
- 1 EL Zitronensaft
- Meersalz
- Pfeffer aus der Mühle
- 1 Baguette
- 200 g kalter Braten, z. B. Kalbsbrust, Kalbs- oder Schweinebraten, in dünnen Scheiben

1.
Den Thon gut abtropfen lassen. Thon, Frischkäse, Sardellenfilets, Weißwein und Senf zusammen im Mixer fein pürieren. Die Kapern und den Zitronensaft unterrühren, das Püree mit Salz und Pfeffer würzen.

2.
Die Baguette in 4 Stücke schneiden, diese einmal durchschneiden. Das Thonpüree großzügig auf dem Brot verteilen, das Fleisch darauf auslegen.

Tacos

4 Portionen

- 2 Tomaten
- 4 Blätter Eisbergsalat
- 100 g Greyerzer Käse
- 200 g gehacktes Fleisch (Schwein, Rind, Kalb oder gemischt)
- 1 EL Olivenöl extra nativ
- mexikanische Würzmischung
- 8 Taco Shells
- 100 g saure Sahne/saurer Halbrahm

1.
Bei den Tomaten den Stielansatz entfernen, in Scheiben schneiden. Den Eisbergsalat in feine Streifen schneiden. Den Käse auf einer groben Reibe raspeln.

2.
Das Hackfleisch im Öl braten, würzen.

3.
Die Taco Shells in einen Kochtopf geben, den Deckel aufsetzen. Die Tacos auf mittlerem Feuer ohne Fett kurz heiß machen.

4.
Fleisch, Käse und Tomaten in die Taco Shells füllen, mit der sauren Sahne abschließen. Sogleich servieren.

Mexikanische Würzmischung

Sie liegt den Taco Shells meistens bei. Wenn nicht, das Fleisch mit Chilipulver oder Chilisauce würzen.

Varianten

Mit den gleichen Zutaten können auch Pfannkuchen/Omeletten gefüllt werden. Das Fleisch kann durch eine Dose heiß gemachte mexikanische rote Bohnen ersetzt werden.

Abbildung Tacos

Fleisch-Tommes-Häppchen

ergibt 16 Häppchen

- 1 TL Kümmelsamen
- 160 g Tomme-Käse
- 2 EL süße Sahne/Rahm
- 16 Scheiben geräucherte Puten-/Truthahnbrust
- 2 kleine Baguettes
- 1/2 Salatgurke

1.
Den Kümmel in einer Pfanne ohne Fett rösten. Den Käse mit einer Gabel zerdrücken und mit dem Kümmel und der süßen Sahne vermengen.

2.
Den Käse auf den Fleischscheiben ausstreichen und die Scheiben einrollen.

3.
Die Baguettes in Scheiben schneiden und toasten.

4.
Die Gurke in dünne Scheibchen schneiden, halbieren.

5.
Die Toastscheiben mit je zwei Gurkenscheibchen und einer Fleisch-Käse-Rolle belegen.

Abbildung Seite 45

Nachos mit Guacamole-Dip

4 Portionen

- 1 Tomate
- 1 Zwiebel
- 1 Chilischote
- 1 reife Avocado
- 2 Knoblauchzehen
- 1 EL Zitronensaft
- Meersalz
- Pfeffer aus der Mühle
- gemahlener Koriander
- Paprikapulver

- 1 Beutel Nachos (mexikanische Chips)

1.
Bei der Tomate den Stielansatz entfernen, klein würfeln. Die Zwiebel schälen und fein hacken. Die Chilischote der Länge nach aufschneiden, entkernen und fein hacken.

2.
Die Avocado halbieren, den Stein entfernen. Das Fruchtfleisch mit einem Löffel herauslösen und mit einer Gabel zerdrücken.

3.
Das Avocadopüree mit den gehackten Zutaten und dem Zitronensaft mischen. Den Knoblauch dazupressen. Die Creme mit Salz, Pfeffer, Koriander und Paprika würzen.

Servieren
Guacamole kann auf die Nachos gehäuft werden oder man taucht die Nachos in den Dip.

Abbildung Seite 45

Käseschiffchen

ergibt ca. 24 Stück

Kuchenteig
- 200 g Dinkelweißmehl
- 1/2 TL Meersalz
- 75 g kalte Butter, in Stückchen
- 5–6 EL Wasser

- oder 250 g fertiger Kuchenteig

- 100 g geriebener Greyerzer Käse
- 1 Avocado
- 1/2 Zitrone, Saft
- 3 Bund Schnittlauch
- 250 g Frischkäse
- 2 EL Essig
- Meersalz
- Pfeffer aus der Mühle
- ca. 5 Radieschen

1.
Den Kuchenteig herstellen wie im Grundrezept «Mürbeteig», Seite 22, beschrieben.

2.
Den Backofen auf 200 Grad vorheizen.

3.
Den Teig auf dem Käse ausrollen. Ovale von ca. 8 cm Länge ausschneiden. Die Teigovale im vorgeheizten Ofen bei 200 Grad auf mittlerem Einschub 10 Minuten backen.

4.
Die Avocado halbieren, den Stein entfernen. Das Fruchtfleisch aus der Schale lösen und in Spalten schneiden. Die Avocadospalten mit Zitronensaft beträufeln und auf den Teigschiffchen verteilen.

5.
Den Schnittlauch fein schneiden, mit dem Frischkäse vermengen, mit Essig, Salz und Pfeffer würzen. Die Masse in einen Spritzsack füllen und auf die Schiffchen dressieren.

6.
Die Radieschen in Scheiben schneiden, an Zahnstocher stecken und wie Segel auf die Schiffchen stecken.

Kleine Aperitif-Tomaten

für 20 Stück

- 1 EL Olivenöl extra nativ
- 1 EL Balsamessig
- Meersalz
- Pfeffer aus der Mühle
- 150 g Mozzarelline (kleine Mozzarellakugeln), abgetropft
- 20 Cherrytomaten (ca. 225 g)
- 1 kleine Dose Thon, ca. 75 g abgetropft
- 1 EL saure Sahne/saurer Halbrahm
- 1 Bund Schnittlauch
- 3 Scheiben Vollkorn-Toastbrot

1.
Öl, Essig und Gewürze verrühren, Mozzarelline darin 30 Minuten marinieren.

2.
Von jeder Tomate einen kleinen Deckel wegschneiden, die Tomaten mit einem kleinen Löffel aushöhlen.

3.
Den Thon und die saure Sahne mit einer Gabel zu einer Creme zerdrücken. Den Schnittlauch fein schneiden und unterrühren.

4
Die Brotscheiben toasten, in je 9 Quadrate schneiden, mit Thoncreme bestreichen. Die Mozzarelline in die Tomaten legen, die Deckel aufsetzen, mit einem Zahnstocher auf den Toasts fixieren.

Pastetchen mit Eifüllung

für 18 Pastetchen

- 2 Freilandeier
- 2 EL Milch
- 1 TL Butter
- 1 Bund Schnittlauch
- 125 g Frischkäse
- Meersalz
- Pfeffer aus der Mühle

- 18 Minipastetchen

1.
Den Backofen auf 200 Grad vorheizen.

2.
Die Eier mit der Milch verquirlen. Die Eimasse in der Butter unter Rühren stocken lassen. Das Rührei mit einer Gabel klein zerpflücken.

3.
Den Schnittlauch fein schneiden und mit dem Frischkäse zum Rührei geben. Sehr gut vermengen, mit Salz und Pfeffer würzen.

4.
Die Pastetchen im vorgeheizten Ofen bei 200 Grad auf mittlerem Einschub während 3 Minuten erwärmen.

5.
Die Masse in die noch warmen Pastetchen füllen.

Abbildung
unten: Nachos mit Guacamole-Dip,
Rezept Seite 42
Mitte: Kleine Aperitif-Tomaten
links: Fleisch-Tommes-Häppchen,
Rezept Seite 42
rechts: Pastetchen mit Eifüllung

Blinis

ergibt ca. 30 Stück

- 20 g Hefe
- 2 EL lauwarmes Wasser
- 100 g Buchweizenmehl
- 100 g Dinkelruchmehl
- 1 TL Meersalz
- 200 ml/2 dl lauwarme Milch
- 100 ml/1 dl Buttermilch oder 100 g Naturjogurt
- 2 EL Butterschmalz/Bratbutter

1.
Die Hefe mit Wasser flüssig rühren.

2.
Das Mehl mit dem Salz in einer Schüssel mischen. Milch, Buttermilch oder Jogurt und flüssige Hefe zufügen und so lange rühren, bis der Teig Blasen wirft. Den Teig zugedeckt an einem warmen Ort ca. 30 Minuten gehen lassen.

3.
In einer beschichteten Pfanne wenig Butterschmalz schmelzen, 1 bis 2 Esslöffel Teig pro Blini hineingeben. Etwa 1 Minute backen, bis sich auf der Oberfläche Blasen bilden. Wenden und in 30 Sekunden fertigbacken.

4.
Die Blinis nach Lust und Laune belegen und garnieren.

Tipps

Schön rund werden die Blinis mit Hilfe eines Förmchens von ca. 4 cm Durchmesser. Das Förmchen in die Pfanne setzen und den Teig in das Förmchen gießen. Sobald die Masse stockt, das Förmchen entfernen. Der Teig haftet nicht am Förmchen. Die Blinis können sehr gut tiefgekühlt werden. Vor dem Belegen kurz in den heißen Ofen schieben.

Belag

Der Fantasie sind keine Grenzen gesetzt. Es eignen sich allerlei rohes Gemüse, z. B. Gurken, Gemüsepaprika/Peperoni, Möhren/Karotten, Kohlrabi, Tomaten, Radieschen, oder Käsescheiben, Lachs, Garnelen/Krevetten usw. Als Aufstrich eignen sich Crème fraîche/Sauerrahm, Cottage Cheese/Hüttenkäse oder Frischkäse.

Abbildung
Verschiedene Blinis,
Grundrezept oben
Käse-, Lachs-, Gurkenblinis,
Rezepte Seite 48

Käseblinis

für 6 bis 10 Blinis

- 1 rote oder grüne Pfefferschote/ Peperoncino
- 1 Maiskölbchen aus dem Glas
- 2 dünne Käsescheiben (Scheibletten)
- 50 g Cottage Cheese/Hüttenkäse
- Meersalz
- Pfeffer aus der Mühle

1.
Die Pfefferschote beidseitig aufschneiden und entkernen. Das Maiskölbchen in die Pfefferschote schieben. Die Pfefferschote in dünne Scheiben schneiden.

2.
Aus den Käsescheiben mit einem kleinen Förmchen beliebige Formen ausstechen.

3.
Den Cottage Cheese mit Salz und Pfeffer würzen, auf die Blinis verteilen. Die Blinis mit dem Käse und den Pfefferschotenringen garnieren.

Abbildung Seite 46

Lachsblinis

für 6 bis 10 Blinis

- 2 EL Crème fraîche/Sauerrahm
- 1 TL Meerrettich aus dem Glas
- Meersalz
- Pfeffer aus der Mühle
- 50 g Rauchlachs, in Scheiben
- 1 Zweig Dill

1.
Die Crème fraîche mit dem Meerrettich verrühren, mit Salz und Pfeffer würzen. Die Blinis damit bestreichen.

2.
Den Lachs in Stücke schneiden und zusammen mit dem Dill auf die Blinis verteilen.

Abbildung Seite 46

Gurkenblinis

für 6 bis 10 Blinis

- $^1/_4$ Salatgurke
- 50 g Frischkäse mit Knoblauch
- Meersalz
- Pfeffer aus der Mühle
- wenig Schnittlauch

1.
Die Gurke in dünne Scheiben schneiden.

2.
Den Frischkäse mit Salz und Pfeffer würzen.

3.
Die Blinis mit je einer Gurkenscheibe belegen. Mit wenig Frischkäse und Schnittlauch garnieren.

Abbildung Seite 46

Toastblumen

für 60 Stück

- 30 Scheiben Vollkorn-Toastbrot

1.
Mit einem gezackten Ausstecher aus jeder Brotscheibe 2 Rondellen ausstechen.

Curry-Toastblumen

für ca. 15 Blumen

- 150 g Halbfettquark
- 1/2 TL Vollrohrzucker
- 1 EL Currypulver
- Ingwerpulver
- Meersalz
- Pfeffer aus der Mühle
- 3–4 EL Kapern
- 6–8 Cherrytomaten

1.
Quark, Zucker und Gewürze verrühren.
2.
Die Quarkcreme bergartig auf den Toastrondellen verteilen. Mit Kapern und halbierten Cherrytomaten garnieren.

Avocado-Blumen

für ca. 15 Blumen

- 50 g gesalzene Butter
- 2 reife Avocados
- 1/2 Zitrone
- 1 Tomate
- 1 Schalotte
- 2 Knoblauchzehen
- Chilipulver
- Meersalz

1.
Die Toastrondellen mit Butter bestreichen.
2.
Die Avocados halbieren, den Stein entfernen. Das Fruchtfleisch möglichst ganz aus der Schale lösen und in dünne Scheiben schneiden. Mit einem Förmchen Motive ausstechen und diese sofort mit Zitronensaft beträufeln, auf die Toasts legen.
3.
Die Tomate halbieren, die Kerne entfernen, in kleine Würfelchen schneiden. Die Schalotte hacken, den Knoblauch durchpressen, beides zu den Tomatenwürfelchen geben. Mit Chili und Salz würzen. Das Tomatenhack neben den Avocadoscheiben anrichten.

Ei-Käse-Blumen

für ca. 15 Blumen

- 3 EL Mayonnaise
- etwa 5 sehr dünn geschnittene Käsescheiben
- 3 hart gekochte Freilandeier
- 6 Cornichons
- 4 Cherrytomaten
- wenig Schnittlauch

1.
Die Toastrondellen mit der Mayonnaise bestreichen.

2.
Aus dem Käse kleine Rondellen ausstechen, auf die Toastscheiben legen. Die Eier schälen, in Scheiben schneiden und auf den Käse legen.

3.
Die Cornichons in feine Scheiben, die Tomaten in Spalten schneiden. Den Schnittlauch fein schneiden. Die Toasts damit garnieren.

Sardellen-Blumen

für ca. 15 Blumen

- 1 Becher (200–250g) Crème fraîche/ Sauerrahm
- Meersalz
- Pfeffer aus der Mühle
- wenig abgeriebene Schale einer unbehandelten Zitrone
- 1 TL Zitronensaft
- $^1/_2$ Salatgurke
- 1 Dose Sardellen
- 2 Maiskölbchen aus dem Glas

1.
Die Crème fraîche mit Salz, Pfeffer, Zitronenschalen und Zitronensaft würzen. Die Creme auf den Toastrondellen ausstreichen.

2.
Die Gurke in Scheiben schneiden und auf die Creme legen. Die Sardellen einrollen und auf die Gurken legen. Die Maiskölbchen in Scheiben schneiden und in die Mitte setzen.

Burger mit Chutneys und Relishes

Was wäre Fingerfood ohne Burger, der Inbegriff von Fastfood. Heute ist man in seiner Zusammensetzung schon einiges kreativer und flexibler; auch Gemüse, Pilze, Getreide und vieles mehr haben Platz. Chutneys und Relishes sind gute Alternativen zu Senf und Ketschup.

Pilzburger

4 Portionen

- 250 g Champignons
- 50 g Haselnüsse
- 1 Bund Schnittlauch
- 75 g Haferflocken
- 30 g Vollkornmehl
- 2 Freilandeier
- Meersalz
- Pfeffer aus der Mühle

- Olivenöl zum Braten

- 2 Tomaten
- 4 Brötchen (Buns)
- 8 schöne Salatblätter

1.
Die Champignons putzen. Die Pilze und die Nüsse grob hacken. Den Schnittlauch fein schneiden.

2.
Champignons, Nüsse, Schnittlauch, Haferflocken und Mehl vermengen. Die Eier verquirlen und dazugeben. Die Masse mit Salz und Pfeffer würzen, gut vermengen. 4 Burger formen.

3.
Die Burger im Öl beidseitig einige Minuten braten.

4.
Die Tomaten in dünne Scheiben schneiden. Die aufgeschnittenen Brötchen mit einem Salatblatt belegen, den Pilzburger und die Tomatenscheibe darauf legen. Mit einem Salatblatt abschließen. Den Brotdeckel darauf legen.

Abbildung Pilzburger

Hamburger aus Kalbsbrät

4 Portionen

- 75 g Modelschinken am Stück
- 1/2 roter Gemüsepaprika/Peperoni
- 1 Gewürzgurke
- 1/2 Bund Petersilie
- 2 EL Maiskörner aus der Dose
- 300 g Kalbsbrät
- 1 EL Senf
- Meersalz
- Pfeffer aus der Mühle

- Olivenöl zum Braten

1.
Den Schinken in kleine Würfel schneiden. Beim Gemüsepaprika den Stielansatz und die Kerne entfernen. Gemüsepaprika, Gurke und Petersilie fein hacken.

2.
Die gehackten Zutaten mit den Maiskörnern zum Kalbsbrät geben und gut vermengen. Die Masse mit Senf, Salz und Pfeffer würzen. Aus der Masse kleine Burger formen.

3.
Die Burger im Öl beidseitig je ca. 7 Minuten braten.

Sbrinzburger

4 Portionen

Burger
- ½ Bund Petersilie
- 1 Schalotte
- 175 g gehacktes Rinderfleisch
- 2 EL Haferflocken
- 120 g geriebener Sbrinz oder Parmesan
- 2 Freilandeier
- Meersalz
- Pfeffer aus der Mühle
- Paprikapulver

- Olivenöl zum Braten

Gemüsefüllung
- 1 Zwiebel
- 2 Möhren/Karotten
- 100 g Knollensellerie
- 100 g geriebener Greyerzer Käse

- 4 Brötchen (Buns)

1.
Die Petersilie und die Schalotte fein hacken.

2.
Petersilie, Schalotten, Hackfleisch, Haferflocken, Käse und Eier in eine Schüssel geben und gut vermengen. Die Masse mit Salz, Pfeffer und Paprika kräftig würzen. Aus der Fleischmasse 4 Burger formen.

3.
Die Sbrinzburger im Öl beidseitig kräftig braten. Warm stellen.

4.
Für die Füllung die Zwiebel fein hacken. Die Möhren und den Sellerie schälen und auf einer feinen Reibe raspeln. Zwiebeln, Gemüse und Käse gut vermengen.

5.
Die Gemüsemasse auf den aufgeschnittenen Brötchen verteilen, mit einem Sbrinzburger belegen, den Brotdeckel darauf legen.

Brot-Gemüse-Bratlinge

4 Portionen

- 200 g Vollkornbrot
- 250 ml/2,5 dl Milch
- 1 Möhre/Karotte
- 80 g Knollensellerie
- 1 kleine Zwiebel
- $^1/_2$ Lauch
- reichlich frische Kräuter, z. B. Petersilie, Thymian, Dill
- 2 Freilandeier
- Meersalz
- Pfeffer aus der Mühle
- Paprikapulver
- geriebene Muskatnuss

- Butterschmalz/Bratbutter zum Braten

1.
Das Brot in Würfel schneiden und in der Milch einweichen.

2.
Möhre, Sellerie und Zwiebel schälen, den Lauch putzen, zusammen mit den Kräutern fein hacken.

3.
Das Feingehackte mit den Eiern zur Brotmasse geben und gut vermengen. Mit Salz, Pfeffer, Paprika und Muskat kräftig würzen. Aus der Masse kleine Burger oder Nuggets formen.

4.
Die Bratlinge im Butterschmalz beidseitig je ca. 5 Minuten braten.

Fischburger

4 Portionen

- 600 g Fischfilets, z. B. Dorsch, Heilbutt
- reichlich frische Kräuter, z. B. Dill, Estragon
- 4 EL Haferflocken
- Meersalz
- Pfeffer aus der Mühle

- Olivenöl zum Braten

1.
Die Fischfilets und die Kräuter fein hacken und mit den Haferflocken vermengen. Die Masse mit Salz und Pfeffer kräftig würzen. Aus der Masse kleine Burger formen.

2.
Die Fischburger im Öl beidseitig je rund 3 Minuten braten.

Getreide-Gemüse-Burger

4 Portionen

- 100 g Weizenschrot
- 400 ml/4 dl Wasser
- 1 Möhre/Karotte
- 1 großer Kohlrabi
- 1 Zucchino oder ein anderes Gemüse
- 1 kleiner Lauch
- 50 g Vollkornmehl
- 100 g geriebener Parmesan
- 1 Knoblauchzehe
- Meersalz
- Pfeffer aus der Mühle
- Paprikapulver

- Olivenöl zum Braten

1.
Das Weizenschrot mit dem Wasser aufkochen, auf der ausgeschalteten Wärmequelle zugedeckt auskühlen und ausquellen lassen.

2.
Die Möhre und den Kohlrabi schälen, zusammen mit dem Zucchino auf einer groben Reibe raspeln. Den Lauch putzen und in feine Scheiben schneiden.

3.
Gemüse, Schrot, Mehl und Käse gut vermengen, den Knoblauch dazupressen. Die Masse mit Salz, Pfeffer und Paprika kräftig würzen. Aus der Masse Burger formen.

4.
Die Burger im Öl beidseitig einige Minuten braten.

Abbildung unten und Mitte rechts: Ananas-Confit, Rezept Seite 61

Spinat-Nuggets

4 Portionen

- 1 kg frischer Spinat
- 100 g Pinienkerne
- 6 Scheiben Vollkorntoastbrot
- 1 Bund Petersilie
- 100 g geriebener Sbrinz oder Parmesan
- 2 Freilandeier
- Meersalz
- Pfeffer aus der Mühle
- geriebene Muskatnuß
- 1/2 unbehandelte Zitrone, abgeriebene Schale

- Olivenöl zum Braten

1.
Den Spinat im Dampf zusammenfallen lassen, in ein Sieb geben und leicht ausdrücken.

2.
Die Pinienkerne in einer Pfanne ohne Fett bräunen. Das Brot im Cutter oder mit einem Messer fein hacken. Die Petersilie fein hacken.

3.
Spinat, Petersilie, Käse, Eier und 2/3 des gehackten Brotes in eine Schüssel geben, alles sehr gut vermengen. Die Pinienkerne unterrühren. Die Masse mit Salz, Pfeffer, Muskatnuss und den Zitronenschalen würzen.

4.
Aus der Masse 12 Nuggets formen, diese in den restlichen Brotbröseln wenden.

5.
Die Spinatnuggets im Öl beidseitig je ca. 5 Minuten braten.

Abbildung oben und links

Hähnchen-Nuggets

4 Portionen

- 400 g geschnetzeltes Hähnchenfleisch
- Meersalz
- Cayennepfeffer
- 1 Freilandei
- 1 EL Milch
- 4 EL Dinkelweißmehl
- 50 g Sesamsamen

- Olivenöl zum Braten

1.
Das Hähnchenfleisch im Cutter oder mit dem Stabmixer pürieren. Das Fleisch mit Salz und Cayennepfeffer würzen, Nuggets formen.

2.
Das Ei mit der Milch verquirlen.

3.
Die Nuggets zuerst im Mehl, dann im Ei und zuletzt in den Sesamsamen wenden.

4.
Die Hähnchen-Nuggets im Öl beidseitig einige Minuten braten.

Bananen-Dörrfrüchte-Chutney

für 1 Liter Chutney

- 4 Bananen
- 60 g frische Ingwerwurzel
- 150 g gemischte Trockenfrüchte
- 2 Pfefferschoten/Peperoncini
- 1 Knoblauchzehe
- 100 g Weinbeeren
- 150 g Vollrohrzucker
- 150 ml/1,5 dl Weißweinessig
- 1/2 unbehandelte Zitrone, Saft und abgeriebene Schale
- 300 ml/3 dl Orangensaft
- Meersalz

1.
Die Bananen schälen und mit einer Gabel zerdrücken. Die Ingwerwurzel schälen und fein reiben. Die Trockenfrüchte und die Pfefferschoten fein hacken. Die Knoblauchzehe durch die Presse drücken.

2.
Sämtliche Zutaten in einen Kochtopf geben, aufkochen und offen ca. 40 Minuten auf mittlerem Feuer kochen lassen, bis das Chutney die Konsistenz von Konfitüre hat.

3.
Das Chutney noch heiß in Gläser füllen, sofort schließen.

Abbildung
unten: Hähnchen-Nuggets
oben: Bananen-Dörrfrüchte-Chutney
rechts: Tomatencreme,
Rezept Seite 69

Grüne Pfefferschotensauce

für 300 ml/3 dl Sauce

- 3 große Sträußchen Petersilie
- 1 Bund Koriander
- 125 g Zwiebeln
- 1 Stück frische Ingwerwurzel
- 3 EL Zitronensaft
- 1 TL Vollrohrzucker
- Meersalz
- Pfeffer aus der Mühle
- 1 TL frisch gemahlener Koriander
- 3 frische, große grüne Pfefferschoten/Peperoncini
- ca. 100 ml/1 dl Olivenöl extra nativ

1.
Petersilie, Koriander und geschälte Zwiebeln grob hacken. Den Ingwer schälen und in Scheiben schneiden. Bei den Pfefferschoten den Stielansatz entfernen, die Früchte fein hacken.

2.
Kräuter, Zwiebeln, Ingwer und Zitronensaft im Cutter pürieren respektive fein hacken. Mit Zucker, Salz, Pfeffer und frisch gemahlenem Koriander würzen. Die Pfefferschoten untermischen.

3.
Die Masse in ein Glas füllen, etwas zusammendrücken und mit dem Öl decken.

Haltbarkeit
Im Kühlschrank: etwa 10 Tage.

Tipp
Für eine mildere Sauce die Pfefferschoten entkernen.

Abbildung Seite 66

Zwetschgen-Chutney

für 1 Liter Chutney

- 1 kg Zwetschgen
- 250 g Zwiebeln
- 1 Stück frische Ingwerwurzel
- 12 schwarze Pfefferkörner
- 1 TL Senfkörner
- 1 Zimtstange
- 2 Gewürznelken
- 200 ml/2 dl Rotweinessig
- 150 g Korinthen oder Weinbeeren

1.
Die Zwetschgen halbieren und entsteinen. Die Zwiebeln schälen und fein hacken. Die Ingwerwurzel schälen und fein reiben.

2.
Sämtliche Zutaten in den Kochtopf geben, aufkochen und rund 30 Minuten offen auf mittlerem Feuer kochen, bis das Chutney die Konsistenz von Konfitüre hat. Die Zimtstange entfernen.

3.
Das Chutney noch heiß in Gläser füllen, sofort schließen.

Birnen-Tomaten-Relish

für 1 Liter Relish

- 2 vollreife Tomaten
- 500 g Birnen
- 150 g Äpfel
- 1 Zwiebel
- 1 Stück frische Ingwerwurzel
- 80 g Sultaninen
- 2 unbehandelte Orangen, abgeriebene Schale und Saft
- 200 g Vollrohrzucker
- 1 TL Zimtpulver
- frisch geriebene Muskatnuss
- Cayennepfeffer
- 200 ml/2 dl Weißweinessig
- 1 Prise Safranpulver

1.
Die Tomaten kreuzweise einschneiden, in einem Schaumlöffel in kochendes Wasser tauchen, bis sich die Haut löst. Die Tomaten schälen, den Stielansatz kreisförmig herausschneiden. Die Früchte halbieren, die Kerne entfernen, das Fruchtfleisch in Würfel schneiden.

2.
Birnen und Äpfel schälen, vierteln und das Kerngehäuse entfernen. Die Fruchtviertel in kleine Würfel schneiden.

3.
Die Zwiebel fein hacken. Die Ingwerwurzel schälen und hacken.

4.
Sämtliche Zutaten in einen Kochtopf geben, aufkochen und zugedeckt rund 1 Stunde auf kleinem Feuer köcheln lassen, bis die Masse die Konsistenz von Konfitüre hat. Von Zeit zu Zeit gut rühren.

5.
Das Relish noch heiß in Gläser füllen, sofort schließen.

Ananas-Confit

für 1/2 Liter Confit

- 1 Ananas
- 1/2 Zitrone, Saft
- 6 EL Honig
- 1/2 TL Meersalz
- 1 TL Kurkuma
- 2 Msp Macis (Muskatblüte)
- 1 Msp geriebene Muskatnuss
- 1 Zimtstange
- 2 Chilischoten
- 150 ml/1,5 dl Wasser oder Weißwein
- 2 EL Weißweinessig

1.
Die Ananas oben und unten kappen und am Fruchtfleisch entlang schälen. Die Noppen ringsum spiral- und keilförmig herausschneiden. Die Ananas in Scheiben schneiden und den Mittelstrunk austechen. Die Scheiben klein würfeln.

2.
Sämtliche Zutaten in einen Kochtopf geben, aufkochen und auf mittlerem Feuer offen kochen lassen, bis das Confit eingedickt ist.

3.
Das Confit noch heiß in ein Glas füllen, sofort schließen.

Abbildung Seite 56

Pikante Spieße mit Dips und Saucen

Spieße machen nicht allzu viel Arbeit; da bleibt genügend Zeit für Dips und Saucen. Zur Abwechslung kann jeder seinen Spieß selber «komponieren». Das wird auch den Kindern viel Spass machen. Ideal zum Grillen im Freien.

Bunter Hackfleischspieß

4 Portionen

Grundmasse
- 1 Zwiebel
- 1 Freilandei
- 1–2 EL grobkörniger Senf
- 2 EL Mehl
- Meersalz
- Pfeffer aus der Mühle
- 400 g gehacktes Rinderfleisch

- 1 EL eingelegte grüne Pfefferkörner
- 1 EL Tomatenmark
- 1 1/2 TL Paprikapulver
- ca. 2 EL Provencekräuter
- 50 g frisch geriebene Semmelbrösel/Paniermehl

- Olivenöl zum Braten

1.
Die Zwiebel fein hacken. Alle Zutaten für die Grundmasse in eine Schüssel geben und gut vermengen. Die Masse in 4 Portionen teilen.

2.
Die Pfefferkörner leicht zerdrücken und mit einer Fleischportion vermengen. 5 kleine Kugeln formen.

3.
Die zweite Fleischportion mit dem Tomatenmark und 1 Teelöffel Paprikapulver gut mischen. 5 kleine Kugeln formen und diese mit dem restlichen Paprikapulver bestäuben.

4.
Die dritte Fleischportion mit 1 Esslöffel Kräutermischung vermengen. 5 kleine Kugeln formen und diese in den restlichen Kräutern wenden.

5.
Aus der letzten Fleischportion 5 kleine Kugeln formen und diese in den Semmelbröseln wenden.

6.
Die Fleischkugeln abwechslungsweise auf die Spieße stecken.

7.
Die Hackfleischspieße im Öl beidseitig je ca. 5 Minuten braten.

Gemüsespieß

4 Portionen

- 1 gelber Gemüsepaprika/Peperoni
- 2 Zucchini
- 2 kleine Zwiebeln
- 6 Maiskölbchen
- 6 Cherrytomaten

- Olivenöl zum Braten

1.
Den Gemüsepaprika halbieren, den Stielansatz und die Kerne entfernen, in 4 cm große Vierecke schneiden. Die Zucchini in dicke Scheiben schneiden. Die Zwiebeln vierteln.

2.
Gemüse, Maiskölbchen und Cherrytomaten abwechslungsweise auf die Spieße stecken.

3.
Die Gemüsespieße im Öl beidseitig je ca. 2 Minuten braten.

Abbildung Seite 65

Schneckenspieß

4 Portionen

- 1 Bund Petersilie
- 1 Bund Schnittlauch
- 1 EL Kapern
- 100 g Schweinsbrät
- 75 g Frischkäse
- 4 dünne Schweineschnitzel
- Meersalz
- Pfeffer aus der Mühle
- 4 Scheiben Modelschinken
- 4 Cornichons

- Olivenöl zum Braten

1.
Die Petersilie fein hacken, den Schnittlauch fein schneiden, die Kapern hacken.

2.
Kräuter, Kapern, Schweinsbrät und Frischkäse gut vermengen.

3.
Die Schweineschnitzel mit einem Brett gut flach klopfen, mit Salz und Pfeffer würzen. Die Schinkenscheiben darauf legen. Die Brätmasse darauf ausstreichen. Je ein Cornichon darauf legen. Die Schnitzel satt zu Rouladen einrollen. Die Rouladen nun in 2 bis 3 cm lange Stücke schneiden, vorsichtig auf Spieße stecken.

4.
Die Schneckenspieße im Öl beidseitig je ca. 4 Minuten braten.

Hähnchenspieß

4 Portionen

- 1 Banane
- 1 Scheibe Modelschinken
- 1 EL flüssiger Honig
- 2 EL Zitronensaft
- 200 g Hähnchen-/Pouletbrüstchen
- Meersalz
- Pfeffer aus der Mühle
- Butterschmalz/Bratbutter

1.
Die Banane schälen und im Schinken einwickeln, in Scheiben schneiden. Den Honig mit dem Zitronensaft verrühren. Die Bananenscheiben damit bestreichen.

2.
Das Hähnchenbrüstchen in Würfel schneiden, mit Salz und Pfeffer würzen.

3.
Die Fleischwürfel und die Bananenscheiben abwechslungsweise auf die Spieße stecken.

4.
Die Hähnchenspieße im Butterschmalz beidseitig je ca. 4 Minuten braten.

Abbildung
unten: Gemüsespieß,
Rezept Seite 63
Mitte: Hähnchenspieß
oben: Schneckenspieß
oben links: Frankfurter grüne Sauce,
Rezept Seite 69

Garnelenspieß

4 Portionen

- 16 Garnelen/Scampi
- 1 Salatgurke
- Meersalz
- Pfeffer aus der Mühle

- Olivenöl zum Braten

1.
Die Garnelen schälen. Die Gurke zuerst in dicke Scheiben schneiden, dann würfeln.
2.
Die Garnelen und die Gurkenscheiben abwechslungsweise auf Spieße stecken. Mit Salz und Pfeffer würzen.
3.
Die Garnelenspieße im Öl beidseitig je ca. 3 Minuten braten.

Abbildung

Abbildung
Garnelenspieß
rechts: Grüne Pfefferschotensauce
Rezept Seite 60

Fischspieß

4 Portionen

- 300 g feste Fischfilets, z. B. Seeteufel, Lachs, Thunfisch, Schwertfisch
- 2 Zucchini

Marinade
- 2 EL Zitronensaft
- wenig abgeriebene Zitronenschale
- Meersalz
- Pfeffer aus der Mühle
- 3 EL Olivenöl extra nativ

- Olivenöl zum Braten

1.
Die Fische in große Würfel schneiden.
2.
Die Zutaten für die Marinade verrühren. Die Fischstücke darin mindestens 30 Minuten marinieren. Mit Küchenpapier abtupfen.
3.
Die Zucchini in dicke Scheiben schneiden und halbieren.
4.
Zucchini und Fischwürfel abwechslungsweise auf die Spieße stecken.
5.
Die Fischspieße im Öl beidseitig je ca. 2 Minuten braten.

Putenspieß

4 Portionen

- 400 g festkochende Kartoffeln
- 1 Gemüsepaprika/Peperoni
- 2 Zwiebeln
- 150 g Puten-/Truthahnbrust
- ca. 1,5 l Gemüsebrühe

1.
Die Kartoffeln schälen und in 1 cm dicke Scheiben schneiden. Den Gemüsepaprika halbieren, Stielansatz und Kerne entfernen, in 4 cm große Vierecke schneiden. Die Zwiebeln vierteln. Die Putenbrust in große Würfel schneiden.

2.
Alle Zutaten abwechslungsweise auf Spieße stecken.

3.
Die Putenspieße in der Gemüsebrühe 15 Minuten garen.

Tipp
Die Brühe als Suppe servieren.

Kalbsröllchenspieß

4 Portionen

- 300 g sehr dünne Kalbfleischschnitzel
- Meersalz
- Pfeffer aus der Mühle
- 1 Lauch
- 1 EL Butterschmalz/Bratbutter

1.
Die Kalbfleischschnitzel längs halbieren. Das Fleisch mit Salz und Pfeffer würzen und aufrollen. Den Lauch in dicke Scheiben schneiden.

2.
Die Fleischröllchen und die Lauchscheiben abwechslungsweise auf die Spieße stecken.

3.
Die Fleischspieße im Butterschmalz beidseitig je ca. 5 Minuten braten.

Knoblauchsauce

- 2 Sträußchen Petersilie
- 4 Knoblauchzehen
- 60 g Sonnenblumen- oder Kürbiskerne
- 125 g Frischkäse
- 50 ml/0,5 dl Milch
- 1/2 unbehandelte Zitrone, abgeriebene Schale
- Meersalz
- Pfeffer aus der Mühle

1.
Petersilie, Knoblauch und Kerne im Cutter oder von Hand mit dem Messer sehr fein hacken. Mit dem Frischkäse und der Milch vemengen. Die Knoblauchsauce mit den Zitronenschalen sowie Salz und Pfeffer würzen.

Tomatencreme

- 1 Dose Pelati (400 g)
- 1 Becher (180–200 g) saure Sahne/ saurer Halbrahm, kochfest
- 1 Bund Schnittlauch
- 1 EL Kapern
- Meersalz
- Chilipulver oder Cayennepfeffer

1.
Die Tomaten grob hacken, mit der sauren Sahne während ca. 10 Minuten auf mittlerem Feuer zu einer dicken Creme einkochen. Auskühlen lassen.

2.
Den Schnittlauch fein schneiden, mit den Kapern zur Creme geben. Mit Salz und Chili oder Cayennepfeffer würzen.

Abbildung Seite 59

Frankfurter grüne Sauce

- 3 hart gekochte Freilandeier
- je 1 Bund Dill, Basilikum, Petersilie, Schnittlauch, Kerbel
- 1 Zweig Liebstöckel
- 3 Zweige Estragon
- 1 kleine Zwiebel
- 200 g Crème fraîche/Sauerrahm
- Meersalz
- Pfeffer aus der Mühle
- Paprikapulver
- einige Tropfen Worcestersauce
- 4 EL Zitronensaft

1.
Die Eier schälen und hacken. Die Kräuter und die Zwiebel fein hacken.

2.
Eier, Kräuter und Zwiebeln mit der Crème fraîche vermengen. Die grüne Sauce mit Salz, Pfeffer, Paprika und Worcestersauce würzen und mit dem Zitronensaft abschmecken.

Abbildung Seite 65

Currycreme mit Orangen und Kumquats

- 1 Orange
- 5 Kumquats
- 200 g Cottage Cheese/ Hüttenkäse
- 4 EL Vollrohrzucker
- 2 EL Essig
- 1 TL Currypulver
- Meersalz
- Cayennepfeffer

1.
Die Orange schälen, dabei auch die weiße Haut entfernen. Die Frucht vierteln, entkernen und in kleine Würfel schneiden.

2.
Die Kumquats waschen, in dünne Scheiben schneiden und entkernen.

3.
Orangen, Kumquats, Cottage Cheese und Zucker gut vermengen. Die Creme mit Essig abschmecken und mit Curry, Salz und Cayennepfeffer würzen.

Café-de-Paris-Creme

- 1 Bund Petersilie
- 1 Sardellenfilet
- 150 g Sahne-/Rahmquark
- 1/2 TL Senf
- 2 EL getrocknete Kräuter, z.B. Thymian, Majoran, Salbei, Rosmarin
- 1 Knoblauchzehe
- 2 Msp Currypulver
- Meersalz
- Pfeffer aus der Mühle

1.
Die Petersilie und das Sardellenfilet fein hacken.

2.
Quark, Petersilie, Sardellen, Senf und getrocknete Kräuter vermengen. Die Knoblauchzehe dazupressen. Die Café-de-Paris-Creme mit Curry, Salz und Pfeffer würzen.

Abbildung
links: Currycreme mit Orangen und Kumquats
rechts: Café-de-Paris-Creme

Senfschäumchen mit Dill

- 1 Bund Dill
- 1 Becher (180–200 g) saure Sahne/ saurer Halbrahm
- 4 TL Senf
- 1 TL Senfpulver
- 2 Knoblauchzehen
- 100 g/1 dl süße Sahne/Halbrahm
- Meersalz
- Pfeffer aus der Mühle

1.
Den Dill fein hacken.

2.
Saure Sahne, Senf, Senfpulver und Dill verrühren. Die Knoblauchzehen dazupressen.

3.
Die süße Sahne flaumig schlagen und sorgfältig mit der Sauce vermengen. Die Sauce mit Salz und Pfeffer abschmecken.

Petersilien-Nuss-Sauce

- 1 Bund Petersilie
- 25 g Haselnüsse
- 1 Becher (180–200 g) saure Sahne/ saurer Halbrahm
- 2 Knoblauchzehen
- Meersalz
- Pfeffer aus der Mühle

1.
Die Petersilie und die Nüsse fein hacken.

2.
Die saure Sahne unter die gehackten Kräuter und Nüsse rühren. Die Knoblauchzehen dazupressen. Die Sauce mit Salz und Pfeffer würzen.

Kokos-Bananen-Sauce

- 1 Banane
- 1 Dose Kokosmilch (ca. 175 ml/1,75 dl)
- 1 EL Sultaninen
- 2 EL Kokosflocken
- 1 TL Currypulver

1.
Die Banane schälen, in grobe Stücke schneiden und mit der Kokosmilch pürieren.

2.
Die Sultaninen und die Kokosflocken mit dem Bananenpüree vermengen. Die Kokos-Bananen-Sauce mit Curry würzen.

Pasteten Rillettes Terrinen

Da kommt bestimmt kein Küchenstress auf! Pasteten & Co., diese feinen Klassiker, wollen am Vortag, manche noch früher, zubereitet sein, damit sie schön schnittfest werden. Hier sind Gemüse und Dips willkommene Begleiter.

Schinkenpastete

ergibt 6 bis 8 Scheiben

Mürbeteig
- 250 g Dinkelweißmehl
- 1/2 TL Meersalz
- 75 g Butter
- 1 Freilandei

- oder ca. 300 g Kuchenteig, bereits rechteckig ausgerollt

Farce
- 1/2 Schweinsbratwurst (50 g)
- 2 EL Pistazienkerne
- 3 entsteinte schwarze Oliven
- 200 g Schweinefleisch, fein gehackt
- 125 g Speck, fein gehackt
- 1 Knoblauchzehe
- Thymian
- Majoran
- Meersalz
- Pfeffer aus der Mühle
- 150 g Schinken, am Stück

- 1 Eigelb zum Bestreichen

Sülze
- 1 Beutel Sülzepulver
- 250 ml/2,5 dl Wasser
- 3 EL Madeira

1.
Den Mürbeteig herstellen wie im Grundrezept, Seite 22, beschrieben; das Wasser wird durch das Ei ersetzt.

Abbildung
unten: Schinken-Vollkorn-Terrine, Rezept Seite 79
oben: Schinkenpastete

2.
Das Brät aus der Bratwurst drücken. Die Pistazien und die Oliven fein hacken. Schweinefleisch, Speck, Brät, Pistazien und Oliven gut vermischen. Den Knoblauch schälen und dazupressen. Die Kräuter untermischen. Würzen mit Salz und Pfeffer. Den Schinken in kleine Würfel schneiden und mit dem Fleisch vermischen.

3.
Den Teig 3 mm dick zu einem Rechteck ausrollen. Die Farce in der Form eines Brotlaibes darauf verteilen, mit dem Teig einpacken. Die Pastete mit den Teigenden nach unten auf ein gefettetes Blech legen.

4.
Den Backofen auf 220 Grad vorheizen.

5.
Mit einem Förmchen auf der Oberfläche der Pastete 3 runde Löcher ausstechen. Nach Belieben mit den Teigresten verzieren. Die Pastete mit Eigelb bepinseln. In die Löcher kleine Alufolie-Kamine einsetzen.

6.
Die Schinkenpastete im vorgeheizten Ofen bei 220 Grad auf mittlerem Einschub 15 Minuten backen, dann bei 180 Grad 30 Minuten fertigbacken. Auskühlen lassen und über Nacht in den Kühlschrank stellen.

7.
Die Sülze zubereiten wie auf der Packung beschrieben, jedoch zusätzlich den Madeira beigeben. Die Sülze durch die «Kamine» einfüllen. Wieder in den Kühlschrank stellen. Bis zum Verzehr drei Tage stehen lassen.

Fleisch-Gemüse-Rillette

Für ein Gefäß von 1,5 Liter Inhalt

- 500 g ungesalzener grüner Speck
- 500 g Kalbfleisch vom Hals
- 500 g mageres Schweinefleisch
- 1 Lauch
- 1 Möhre/Karotte
- 80 g Knollensellerie
- 200 ml/2 dl Wasser
- je 3 Lorbeerblätter und Gewürznelken
- 1 Bund Petersilie
- Meersalz/Pfeffer aus der Mühle

1.
Den Backofen auf 160 Grad vorheizen.

2.
Die Speckschwarte entfernen, den Speck und das Fleisch in Würfel schneiden. Den Lauch putzen und in Scheiben schneiden. Die Möhre schälen und in Scheiben schneiden. Den Sellerie schälen und in kleine Würfel schneiden.

3.
Sämtliche Zutaten für die Rillette in einen Bräter legen. Zugedeckt im vorgeheizten Ofen bei 160 Grad auf unterstem Einschub ca. 4 Stunden garen, d. h. so lange, bis das Fleisch zerfällt.

4.
Die Lorbeerblätter entfernen. Das Gemüse und das Fleisch mit dem Stabmixer nicht zu fein zerkleinern.

5.
Die Masse aufkochen. Nach Belieben mit Salz und Pfeffer würzen. Noch heiß in Gläser füllen.

Tipp
Die Rillette auf Vollkornbrot servieren. Die Rillette ist im Kühlschrank einen Monat haltbar.

Lachsrillette

Für ein Gefäß von 1/2 Liter Inhalt

- 250 g frisches Salmfilet, ohne Haut
- 1/2 l Fischfond oder Gemüsebrühe
- einige Zweige Dill
- 150 g Rauchlachs
- 125 g zimmerwarme gesalzene Butter
- 1 EL Olivenöl extra nativ
- 1/2 unbehandelte Zitrone, abgeriebene Schale
- Pfeffer aus der Mühle

1.
Den Salm im heißen Fischfond oder in der Gemüsebrühe auf kleinstem Feuer 20 Minuten pochieren, dann herausheben und auskühlen lassen.

2.
Den Dill fein hacken. Den Rauchlachs in Stücke schneiden, mit der Butter und dem Dill in eine Schüssel geben und mit einer Gabel zu einer Creme zerdrücken. Das Olivenöl und den Salm beifügen. Mit der Gabel nochmals alles gut zerdrücken und vermengen. Die Rillette mit Zitronenschalen und Pfeffer würzen. Kühl stellen.

3.
Die Lachsrillette etwa 1 Stunde vor dem Servieren aus dem Kühlschrank nehmen.

Tipp
Auf Toast servieren.

Abbildung Lachsrillette

Gemüse-Käse-Cake

für eine Kasten-/Cakeform
von 26 cm Länge
für ca. 12 Portionen

- 3 Scheiben Vollkornbrot
- 50 ml/0,5 dl Milch
- 200 g Möhren/Karotten
- 150 g feine Bohnen
- 150 g Blumenkohl
- 1 Sträußchen Petersilie
- 125 g Champignons
- 1 EL Butter
- Meersalz
- Pfeffer aus der Mühle
- 180 g geriebener Emmentaler Käse
- 4 Freilandeier
- 50 g/0,5 dl Sahne/Rahm
- Meersalz
- Pfeffer aus der Mühle

1.
Das Brot entrinden und in der Milch einweichen.

2.
Die Möhren schälen und in Scheiben schneiden. Die Bohnen putzen und in kleine Stücke schneiden. Den Blumenkohl in kleine Röschen brechen. Möhren, Bohnen und Blumenkohl im Dampf knackig garen. Unter kaltem Wasser abschrecken.

3.
Die Petersilie fein hacken. Die Champignons putzen und in Scheiben schneiden. Die Pilzscheiben in der Butter kurz dünsten. Die Petersilie beigeben, mit Salz und Pfeffer würzen.

4.
Den Backofen auf 180 Grad vorheizen.

5.
Eingeweichtes Brot, Gemüse, Pilze und Käse vermengen. Die Eier und die Sahne verquirlen, unter die Brotmasse rühren. Mit Salz und Pfeffer würzen. Die Masse in die gefettete Kasten-/Cakeform satt einfüllen und glatt streichen.

6.
Den Gemüse-Käse-Cake im vorgeheizten Ofen bei 180 Grad auf unterstem Einschub ca. 60 Minuten backen.

7.
Den Cake auskühlen lassen, über Nacht in den Kühlschrank stellen.

Tipp
Mit einer Tomatensauce servieren.

Schnittlauchterrine

für eine Terrinenform
von ca. 600 ml/6 dl Inhalt
für 6 Portionen

- 2 Schalotten
- 6 Bünde Schnittlauch
- 250 ml/2,5 dl Gemüsebrühe
- 3 Blatt Gelatine, in kaltem Wasser eingelegt
- 100 g Sahne-/Rahmquark
- 2 EL Zitronensaft
- Meersalz
- Pfeffer aus der Mühle

1.
Die Schalotten fein hacken, den Schnittlauch fein schneiden.

2.
Die Gemüsebrühe aufkochen, den Kochtopf vom Feuer ziehen. Die ausgedrückten Gelatineblätter zur Brühe geben und rühren, bis sie sich aufgelöst haben. Schalotten, Schnittlauch, Quark und Zitronensaft dazugeben und gut vermengen, mit Salz und Pfeffer würzen.

3.
Die Masse in die Terrinenform füllen. Über Nacht im Kühlschrank fest werden lassen. Die Terrine mit Toastbrot servieren.

Schinken-Vollkorn-Terrine

für eine Terrinenform
von ca. 600 ml/6 dl Inhalt
für 6 bis 8 Portionen

- 6 Scheiben Vollkornbrot (160 g)
- 250 ml/2,5 dl Wasser
- 1 Beutel Sulzpulver
- 200 g Schinken
- 125 g Frischkäse mit Kräutern
- 1 kleiner Lauch

1.
Das Brot in Stücke brechen und im Cutter oder mit dem Stabmixer fein zerkleinern.

2.
Das Wasser aufkochen, das Sulzpulver beifügen, rühren, bis es sich aufgelöst hat. Mit dem Brot vermengen und wenig auskühlen lassen.

3.
Den Schinken und den Frischkäse mit dem Stabmixer fein pürieren. Den Lauch fein hacken und untermischen.

4.
Brotmasse und Schinkenfarce abwechslungsweise in die Terrinenform einfüllen, dabei die Brotmasse im Kühlschrank immer wieder erstarren lassen, dann mit der Schinkenfarce weiterfahren. Im Kühlschrank während ein paar Stunden sehr fest werden lassen.

Abbildung Seite 74

Frucht-desserts und süßes Gebäck

Zum Tee und Kaffee, für zwischendurch und fürs Buffet: Süßes mögen (fast) alle. Eine Mischung aus Fruchtigem und süßes Gebäck wird bei Groß und Klein auf Gegenliebe stoßen.

Mascarpone-Dip

- 2 Eigelb
- 50 g Vollrohrzucker
- 3 EL Grand Marnier oder Orangensaft
- 1 Orange, abgeriebene Schale
- 150 g Mascarpone

1.
Eigelb, Zucker und Grand Marnier oder Orangensaft in eine Schüssel geben. Die Schüssel in ein heißes Wasserbad stellen. So lange rühren, bis die Creme luftig ist, sie darf auf keinen Fall kochen. Die Creme etwas abkühlen lassen.

2.
Die Orangenschalen und den Mascarpone unter die Creme rühren.

Lebkuchen-Bananen-Dip

- 1 reife Banane
- 2 EL Zitronensaft
- 1 EL flüssiger Honig
- 100 g/1 dl süße Sahne/Rahm
- 1 TL Lebkuchengewürz
- 1 EL Rum, nach Belieben
- 25 g Schokolade

1.
Die Banane schälen, zusammen mit dem Zitronensaft und dem Honig pürieren.

2.
Die süße Sahne steif schlagen, mit dem Lebkuchengewürz unter das Bananenpüree ziehen. Die Creme mit dem Rum parfümieren.

3.
Die Schokolade mit der Bircher-Rohkostreibe raspeln und unter die Creme rühren.

Mandel-Dip

- 125 ml/1,25 dl Milch
- 50 g geschälte, geriebene Mandeln
- einige Tropfen Bittermandelöl
- 75 g Magerquark
- 1 EL Vollrohrzucker
- 1 EL Mandelblättchen

1.
Milch, Mandeln und Bittermandelöl in einen Kochtopf verrühren. Unter stetem Rühren aufkochen. Den Topf von der Wärmequelle nehmen und die Mandelmasse 10 Minuten stehen lassen, dann durch ein Sieb streichen und auskühlen lassen. Den Siebinhalt wegwerfen.

2.
Den Quark und den Zucker unter die Mandelmilch rühren.

3.
Die Mandelblättchen in einer Pfanne ohne Fett bräunen und über die Creme streuen.

Fruchtspieße

für 4 bis 6 Spieße

- 1 frische Feige
- 1 Mango
- 1 Karambole
- 1 Kiwi
- 100 g rote und weiße Traubenbeeren oder andere Früchte, z. B. Melonen, Ananas, Pfirsiche, Aprikosen, Erdbeeren

1.
Die Feige vierteln. Die Mango schälen, das Fruchtfleisch vom Stein schneiden, in große Stücke schneiden. Die Karambole in «Sterne» schneiden. Die Kiwi schälen, halbieren und in dicke Scheiben schneiden.

2.
Die Früchte abwechslungsweise auf Spieße stecken. Mit Creme-Dips servieren.

Abbildung
Fruchtspieße
unten: Limonen-Dip

Orangen-Dip

- 1/2 unbehandelte Orange, abgeriebene Schale
- 125 ml/1,25 dl frisch gepresster Orangensaft
- 1 Freilandei
- 3 EL Vollrohrzucker
- 1 EL Maisstärke
- 150 g Crème fraîche/Sauerrahm

1.
Orangenschalen, Orangensaft, Ei, Zucker und Maisstärke in einem Kochtopf sehr gut verrühren. Unter stetem Rühren einmal kurz aufkochen, den Topf sogleich vom Feuer ziehen und kurze Zeit weiterrühren. Die Creme auskühlen lassen.

2.
Die Orangencreme nochmals gut rühren und die Crème fraîche unterziehen.

Limonen-Dip

- 1 unbehandelte Limone, abgeriebene Schale und Saft
- 1 Freilandei
- 1 TL Maisstärke
- 40 g Vollrohrzucker
- 100 ml/1 dl Wasser
- 150 g/1,5 dl süße Sahne/Rahm

1.
Limonenschalen, Ei, Maisstärke, Zucker und Wasser in einem Kochtopf gut verrühren. Auf mittlerem Feuer unter ständigem Rühren einmal aufkochen. Sogleich vom Feuer ziehen und auskühlen lassen.

2.
Die süße Sahne steif schlagen und mit dem Limonensaft unter die Creme ziehen.

Marinierte Feigen mit Crème-double-Dip

4 Portionen

- 4 frische Feigen
- 2 EL Staubzucker
- 4 EL Marsala

Dip
- 250 g Crème double/Doppelrahm
- 2 EL Birnendicksaft
- 1/2 unbehandelte Zitrone, abgeriebene Schale

1.
Die Feigen halbieren, den Stielansatz entfernen. Die Früchte mit dem Staubzucker bestreuen und dem Marsala beträufeln. Einige Stunden an einem kühlen Ort marinieren.

2.
Crème double, Birnendicksaft und Zitronenschalen verrühren. Den Dip zu den Feigen servieren.

Früchte mit Schokoladeüberzug

- frische Früchte, z. B. Ananas, Karambole, Kapstachelbeeren, Erdbeeren, Papayas, Kirschen, Traubenbeeren

- 1 Beutel dunkle Schokolade-Kuchenglasur

1.
Die Früchte in Stücke oder Scheiben schneiden, kleine Früchte und Beeren ganz lassen. Die Fruchthülle der Kapstachelbeeren zurückstreifen, jedoch nicht entfernen.

2.
Feuchte Fruchtstücke mit Küchenpapier trocken tupfen, damit die Schokolade gut haftet.

3.
Die Schokoladeglasur nach Packungsbeschrieb schmelzen.

4.
Die Früchte am Stiel halten oder auf ein Holzspießchen stecken und zur Hälfte in die Schokolade tauchen. Auf ein Backpapier legen und fest werden lassen.

Varianten

1 bis 2 Esslöffel Grand Marnier oder Cointreau unter die geschmolzene Schokolade rühren. Die mit Schokolade überzogenen Früchte in gehackten Nüssen wenden, dann den Schokoladeüberzug fest werden lassen.

Abbildung
Früchte mit Schokoladeüberzug

Birnenbrötchen

ergibt ca. 12 Stück

Quarkblätterteig
- 175 g Dinkelweißmehl
- 1 TL Vollrohrzucker
- 175 g kalte Butter, in Stückchen
- 175 g Sahne-/Rahmquark

- oder ca. 500 g fertiger Blätterteig

Füllung
- 350 g getrocknete Birnen resp. Weichspeckbirnen
- 200 g getrocknete Zwetschgen ohne Stein
- 80 g getrocknete Feigen
- 120 g Walnuss-/Baumnusskerne
- 50 g Rosinen
- 1 TL Zimtpulver
- 1 Prise Nelkenpulver
- 50 ml/0,5 dl Kirsch

- 1 Ei zum Bestreichen

1.
Den Quarkblätterteig zubereiten wie im Grundrezept, Seite 22, beschrieben. Das Salz wird durch den Zucker ersetzt.

2.
Die Trockenfrüchte gut mit Wasser bedeckt während 30 Minuten auf kleinem Feuer weich kochen. Die Früchte in einem Sieb gut abtropfen lassen. Die Früchte und die Nüsse grob hacken.

3.
Sämtliche Zutaten für die Füllung mischen.

4.
Den Teig zu einem Rechteck von 45x60 cm dünn ausrollen und in Quadrate von ca. 15 cm Seitenlänge schneiden.

5.
Den Backofen auf 180 Grad vorheizen.

6.
Auf jedes Teigstück eine wurstähnliche Portion der Füllung geben. Die Teigränder mit Eiweiß bepinseln, dann den Teig einrollen. Die seitlichen Enden zusammenraffen und unter die Teigpäckchen schlagen. Den Teig mit Eigelb bepinseln und mit einer Gabel regelmäßig einstechen.

7.
Die Birnenbrötchen im vorgeheizten Ofen bei 180 Grad auf mittlerem Einschub ca. 30 Minuten backen.

Abbildung Seite 88

Früchtetörtchen

ergibt 6 Stück

Mürbeteig
- 200 g Dinkelweißmehl
- 1 TL Vollrohrzucker
- 75 g kalte Butter, in Stückchen
- 5–6 EL Wasser

- oder 1 fertiger Mürbeteig, bereits rund ausgerollt

Vanillecreme
- 100 ml/1 dl Milch
- 1 Eigelb
- 1 EL Vollrohrzucker
- 1 TL Maisstärke
- 1/2 Vanilleschote, aufgeschlitzt
- 100 g/1 dl süße Sahne/Rahm

- ca. 500 g Beeren oder Früchte

1.
Den Mürbeteig herstellen wie im Grundrezept, Seite 22, beschrieben. Das Salz wird durch den Zucker ersetzt.

2.
Den Backofen auf 220 Grad vorheizen.

3.
Aus dem Teig Rondellen von ca. 8 cm Durchmesser ausstechen und eingefettete Blechförmchen oder Papier-Backförmchen damit auslegen. Die Teigböden mit einer Gabel mehrmals einstechen und im vorgeheizten Ofen bei 220 Grad auf mittlerem Einschub ca. 10 Minuten blind backen.

4.
Für die Vanillecreme Milch, Eigelb, Zucker, Maisstärke, ausgekratztes Vanillemark und Vanilleschote in einen Kochtopf geben. Bei nicht zu hohem Feuer unter ständigem Rühren einmal aufkochen, auskühlen lassen. Die Schote entfernen.

5.
Die süße Sahne steif schlagen und unter die Creme ziehen. Die Creme in die Teigböden verteilen und mit den Beeren oder den klein geschnittenen Früchten belegen.

Meitschibei

ergibt ca. 15 Stück

Mürbeteig
- 300 g Dinkelruchmehl
- 1 EL Vollrohrzucker
- 100 g kalte Butter, in Stückchen
- ca. 100 ml/1 dl Wasser

- oder ca. 500 g fertiger Kuchenteig, bereits rechteckig ausgerollt

Füllung
- 100 ml/1 dl Milch
- 50 g Vollrohrzucker
- 2 EL Honig
- 1 Vanilleschote, aufgeschlitzt
- 200 g geriebene Mandeln

- 1 Freilandei zum Bestreichen
- 1 EL Milch

Abbildung
links: Meitschibei
rechts: Birnenbrötchen, Rezept Seite 86

1.
Den Mürbeteig zubereiten wie im Grundrezept, Seite 22, beschrieben. Das Salz wird durch den Zucker ersetzt.

2.
Milch, Zucker, Honig, ausgekratztes Vanillemark und Vanilleschote aufkochen. Die Mandeln beifügen und alles gut mischen. Auskühlen lassen. Die Schote entfernen.

3.
Den Backofen auf 180 Grad vorheizen.

4.
Den Teig zu einem Rechteck ausrollen. Teigstreifen von ca. 18 cm Länge und 6 cm Breite schneiden. Die Füllung auf den Teigstücken verteilen. Die Teigenden mit Eiweiß bepinseln. Die Teigstücke in Längsrichtung aufrollen, die Enden fest zusammendrücken. Hufeisen formen.

5.
Die Mürbeteig-Hufeisen auf ein mit Backpapier belegtes Blech legen. Das Eigelb mit der Milch verquirlen, das Gebäck damit bestreichen.

6.
Die Meitschibei im vorgeheizten Ofen bei 180 Grad auf mittlerem Einschub ca. 20 Minuten backen.

Abbildung

Kokosgipfel

ergibt 8 Stück

Mürbeteig
- 200 g Vollkornmehl
- 1 TL Vollrohrzucker
- 75 g kalte Butter, in Stückchen
- 5–6 EL Wasser

- oder 1 fertiger Kuchenteig, bereits rund ausgerollt

Füllung
- 50 g Kokosraspel
- 80 g Mascarpone
- 30 g Schokolade
- 40 g Vollrohrzucker

- 1 Eiweiß zum Bestreichen
- 2 EL Kokosraspel

1.
Den Mürbeteig herstellen wie im Grundrezept, Seite 22, beschrieben. Das Salz wird durch den Zucker ersetzt.

2.
Die Kokosraspel in einer Pfanne ohne Fett leicht bräunen, auskühlen lassen. Mit dem Mascarpone mischen. Die fein gehackte Schokolade und den Zucker unter die Creme rühren.

3.
Den Backofen auf 220 Grad vorheizen.

4.
Den Teig zu einer Rondelle ausrollen. Die Teigrondelle wie einen Kuchen in 8 Stücke schneiden. Darauf die Mascarponecreme ausstreichen. Die Teigstücke von der breiten Seite zur Spitze aufrollen, Gipfel formen. Die Gipfel auf ein mit Backpapier belegtes Blech legen. Die Gipfel mit Eiweiß bepinseln und mit Kokosraspeln bestreuen.

5.
Die Kokosgipfel im vorgeheizten Ofen bei 220 Grad auf mittlerem Einschub ca. 15 Minuten backen. Auskühlen lassen.

Tarte au vin

für ein Kuchenblech
von 24 bis 26 cm Durchmesser

Mürbeteig
- 200 g Dinkelruchmehl
- 1 TL Vollrohrzucker
- 75 g kalte Butter, in Stückchen
- 5–6 EL Wasser

- oder 1 fertiger Kuchenteig, bereits rund ausgerollt

Belag
- 80 g Vollrohrzucker
- 100 ml/1 dl trockener Weißwein
- 30 g zimmerwarme Butter, in Stückchen
- 1/2 TL Zimtpulver
- 2 EL Dinkelruchmehl

1.
Den Mürbeteig zubereiten wie im Grundrezept, Seite 22, beschrieben. Das Salz wird durch den Zucker ersetzt.

2.
Den Backofen auf 240 Grad vorheizen.

3.
Den Teig zu einer Rondelle ausrollen, das eingefettete Kuchenblech damit auslegen. Den Teigboden mit einer Gabel mehrmals einstechen.

4.
Sämtliche Zutaten für die Füllung gut verrühren und auf den Kuchenboden gießen.

5.
Die Tarte au vin im vorgeheizten Ofen bei 240 Grad auf mittlerem Einschub 15 bis 20 Minuten backen. Warm servieren.

Brownies

für ein Kuchenblech
von ca. 30 x 40 cm

- 350 g dunkle Schokolade
- 250 g Butter
- 4 Freilandeier
- 400 g Vollrohrzucker
- 1 Beutel Vanillezucker
- 2 Prisen Meersalz
- 300 g Walnuss-/Baumnusskerne
- 250 g Dinkelruchmehl

- 4 EL Kakaopulver zum Bestäuben

1.
Die Schokolade zerbröckeln. Die Walnüsse grob hacken.

2.
Die Butter in einem Kochtopf schmelzen, die Schokolade beifügen und unter Rühren schmelzen. Leicht auskühlen lassen.

3.
Den Backofen auf 180 Grad vorheizen.

4.
Eier, Zucker, Vanillezucker und Salz zu einer luftigen Masse rühren. Die Schokomasse beifügen, kurz rühren. Die gehackten Walnüsse mit dem Mehl unter die Masse mischen. Den Teig auf dem mit Backpapier belegten Blech ausstreichen.

5.
Die Brownies im vorgeheizten Ofen bei 180 Grad auf mittlerem Einschub ca. 30 Minuten backen. Das Gebäck muss innen noch feucht sein. Leicht auskühlen lassen, dann in der Form in Würfel schneiden. Die Brownies in der Form auskühlen lassen, erst dann herausnehmen und mit Kakaopulver bestäuben.

Sahnefladen

für ein Kuchenblech
von 24 bis 26 cm Durchmesser

Mürbeteig
- 200 g Dinkelweißmehl
- 1 TL Vollrohrzucker
- 75 g kalte Butter, in Stückchen
- 5–6 EL Wasser

- oder 1 fertiger Mürbeteig, bereits rund ausgerollt

Belag
- 250 g/2,5 dl süße Sahne/Rahm
- 3 Freilandeier
- 2 EL Vollrohrzucker
- 1/2 unbehandelte Zitrone, abgeriebene Schale
- 1/2 TL Zimtpulver
- 1 EL Maisstärke
- 2 EL Rosinen

- 1 EL Puderzucker zum Bestäuben

1.
Den Mürbeteig zubereiten wie im Grundrezept, Seite 22, beschrieben. Das Salz wird durch den Zucker ersetzt.

2.
Den Backofen auf 240 Grad vorheizen.

3.
Den Teig zu einer Rondelle ausrollen und ein eingefettetes Kuchenblech damit auslegen. Den Teigboden mit einer Gabel mehrmals einstechen.

4.
Sämtliche Zutaten für den Belag gut verrühren und auf den Teig gießen.

5.
Den Sahnefladen im vorgeheizten Ofen bei 240 Grad auf mittlerem Einschub ca. 20 Minuten backen. Blasen, die sich während des Backens im Teigboden bilden, aufstechen. Mit Puderzucker bestäuben. Warm servieren.